beck'sche reihe

Ob Gucci oder Prada, Dior oder Armani – nicht nur Fashion-Victims bekommen leuchtende Augen, sobald es um Mode und Models geht, um Designer und Photographen, um Markennamen und den darin enthaltenen Klang der großen weiten Welt: Die Mode zur Jahrtausendwende liefert den Stoff, aus dem der Zeitgeist ist; die Labels und Looks, die sie für ihr Millionenpublikum kreiert, werden von Kapstadt bis Helsinki, von Tokio bis L. A. als Entwürfe des höchsteigenen Lebenstraums begriffen.

Was aber passiert hinter den glamourösen Kulissen der Modenschauen? Was verbergen die Bilder, die davon berichten? Wer diktiert uns die Rocklänge, die Höhe der Absätze, die Form des Revers, wieso ist das Darunter inzwischen fast wichtiger als das Darüber, und was sind die neuesten Trends? Auf diese und all die anderen Fragen, die uns der Modezirkus im Halbjahresrhythmus stellt, haben Fachjournalisten, Kulturkritiker und Schriftsteller in „Magisch angezogen" ihre Antworten gegeben; Karl Lagerfeld verrät in einem Interview Ungeahntes über seine Chanel-Botschafterinnen; die englische Starkritikerin Suzy Menkes spekuliert über den „Millenniumslook"; und ihre eigene „Haute Couture" zeigt Regina Schmeken in einem Bild-Essay. – Mit allen wichtigen Adressen und Terminen für das Jahr 2000!

Susanne Becker ist promovierte Literaturwissenschaftlerin und lebt in Mainz. Sie arbeitet als Kulturredakteurin im ZDF.

Stefanie Schütte ist promovierte Romanistin und lebt in Wentorf bei Hamburg. Sie arbeitet als Modekorrespondentin der Deutschen Presse-Agentur.

Susanne Becker/Stefanie Schütte (Hrsg.)

Magisch angezogen

Mode · Medien · Markenwelten

Verlag C. H. Beck

Die Deutsche Bibliothek – CIP-Einheitsaufnahme

Magisch angezogen : Mode · Medien · Markenwelten /
Susanne Becker/Stefanie Schütte. – Orig.-Ausg. –
München : Beck, 1999
(Beck'sche Reihe ; 1313)
ISBN 3 406 42113 X

Originalausgabe
ISBN 3 406 42113 X

Umschlagentwurf: + malsy, Bremen
Umschlagabbildung: Givenchy, Prêt-à-Porter-Show Frühling/Sommer 1999, Arnal/Geral, Stills Press Agency, Paris

Gesamtherstellung: Kösel, Kempten
Gedruckt auf säurefreiem, alterungsbeständigem Papier
(hergestellt aus chlorfrei gebleichtem Zellstoff)
Printed in Germany

Inhalt

Unser Dank gilt all denen, die bei diesem Buch mitgewirkt und uns unterstützt haben, insbesondere unseren Interviewpartnern Suzy Menkes und Karl Lagerfeld, unseren Männern, Bernhard von Dadelsen und Henning C. Schneider, unserer tatkräftigen Beraterin Rosemarie Mayr und unserem Lektor, Matthias Politycki, der für die Fülle von Stoffen die passende Hülle fand.

Susanne Becker und Stefanie Schütte
Mainz und Hamburg, im März 1999

Der Stoff, aus dem der Zeitgeist ist

Von Susanne Becker und Stefanie Schütte

Die Welt der Mode spiegelt den Zeitgeist an der Schwelle zum neuen Jahrhundert: Sie ist voller Widersprüche, zwischen Endzeitstimmung und Wiedergeburt. Mode ist global wie so vieles im digitalen Zeitalter, ein Medium, das überall auf der Welt verstanden wird – und sie ist persönlich, die „zweite Haut", Ausdruck von Identität und Gemütszustand, besonders nach der alles in Frage stellenden Postmoderne. Mode ist ein Lebensgefühl: Neue „Fashion-Victims" bekommen bei Namen wie Prada oder Gucci leuchtende Augen und verfallen ungeahntem Markenwahn – während manch Mode-Müde angesichts des vollgestopften Kleiderschranks dem ganzen Modezauber verzweifelt abschwören. Mode ist Show und Geschäft: Nie waren öffentliche Bühnen (wie Hollywood), Popszene, Film und Politik glamouröser mit der Modewelt verwoben als in den bildüberfluteten 90ern. Gleichzeitig befinden sich Hersteller und Händler in einer nun schon viele Jahre dauernden Krise. Die Designer, am Ende des Modediktats angekommen, haben sich neue „Markenwelten" geschaffen – und müssen nun aufpassen, daß sie nicht selbst davon verschlungen werden. Das Ende aller Trends wird ausgerufen, doch gebärden sich die Schauplätze des alljährlich zweimal stattfindenden Modezirkus kapriziöser denn je. Und das Ende der Pariser Haute Couture schien zum Greifen nah – da treten ausgerechnet junge wilde Engländer zur Rettung an. Mode zur Jahrtausendwende: ein bewegtes Drama mit ungewissem Ausgang.

Und: Mode ist inzwischen Stoff für Feuilletons und Kultursendungen im Fernsehen, für wissenschaftliche Abhandlungen und Universitätsseminare. In den 90er Jahren ist sie salonfähig geworden, über den abgezirkelten Kreis von Modeinsidern hinaus gilt sie längst nicht mehr als bloße Oberfläche oder schöner Traum für wenige, sondern als Kulturphänomen, das Aussagekraft über Zeit und Zeitgeist besitzt. In den letzten Jahren ist ihre Kulturgeschichte neu geschrieben worden, z.B. in dem von Gertrud Lehnert herausgegebenen Essay-Band „Mode, Weiblichkeit und Modernität" (1998), der buchstäblich mit der Erfindung der Nähnadel beginnt. Oder in Ulf Poschardts monumentaler Monographie „Anpassen"

(1998), in der er die Geschichte der Mode als Geschichte des Bürgertums und seiner vorgefaßten Formen erzählt. Barbara Vinkens „Mode nach der Mode: Kleid und Geist am Ende des Jahrhunderts" (1993) fügt dem kultur- und literaturhistorischen Abriß Porträts der wichtigsten Designer in den frühen 90ern hinzu. Ihr Grundgedanke, daß die Mode nach ihrem hundertjährigen Bestehen seit dem ersten „Designer" Charles Frederick Worth eine Art Kommentar ihrer selbst wird, charakterisiert die frühen 90er. Unser Buch soll genau da anschließen, mit den Entwicklungen, die die Mode seither im Zusammenhang mit wachsender Bildermacht, dem Ende der Postmoderne und der Verführung des globalen Zeitalters zu einem wichtigen Medium unserer Zeit machen.

Für dieses Buch haben Kulturkritiker, Modejournalisten und Schriftsteller die Mode zur Jahrtausendwende neu betrachtet. Im ersten Teil werden die Machtverhältnisse nach dem Modediktat – und nach Versaces Tod – neu eingekreist. Die Rocklänge ist nicht mehr Maß aller Dinge, der Designer nicht mehr alleinherrschender Superstar – und die Macht geht längst über an die Medien: Mode-Bilder prägen den Look. Die Designer-Szene selbst scheint beherrscht von der Stille nach Versaces Tod und dem Ringen zwischen untergehenden Modezaren und einer neuen Generation von Kreativen, die die Szene aufmischen, ohne dabei neue Imperien zu gründen. Einer, der heute noch die Modewelt beherrscht, beschließt diesen Teil: Karl Lagerfeld im Interview.

Kurze Glossen, „Accessoires" genannt, die deutsche Schriftsteller für dieses Buch geschrieben haben, sind in den Text eingestreut. Matthias Politycki wirft einen männlichen Blick auf den „Stöckelschuh", Dagmar Leupold einen weiblichen auf die gewisse Knopfleiste der Männerhose – „Button Fly" –, und Thomas Meinecke betrachtet mit gewohnter Doppeldeutigkeit Sinn und Sound der „Handtasche". Thomas Palzer folgt den Gefühlen eines „GameBoy", der dem digitalen Zeitalter trotzt, und Birgit Vanderbeke erforscht entscheidende Signale zwischen Männern und Frauen: „Dessous, deutsche". Diese poetischen, verspielten Beobachtungen erzählen zentrale Geschichten von den Rändern der Modewelt – und knüpfen ihren eigenen Faden durch die Textur dieses Buches.

Ein zweiter Teil ist der Zauberformel der 90er Jahre gewidmet: der Marke. Mehr noch als dem Labelkult vergangener Jahrzehnte gelingt es dem System der Marke, in Zeiten des Überflusses aller

Signale das Unverwechselbare, das Wiedererkennbare und das Einzigartige heraufzubeschwören, mit dem die diffuse Sehnsucht des modernen Menschen nach eben diesen Werten gestillt werden kann. Ein Besuch bei den Machern der Markenwelten ergründet die unheimliche Macht, mit der uns deren Lifestyle-Entwürfe anziehen. Alfons Kaiser folgt einer anderen Verheißung der Mode: dem Versprechen unaufhörlichen Wandels. Das führt ihn zurück in eine kleine Kulturgeschichte der Männermode, läßt ihn vorausblicken in die Modegeschichte des 21. Jahrhunderts und offenbart uns mehr vom Geheimnis des Markenerfolgs.

Und damit ins Herz der Modewelt. Der dritte Teil besucht die Schauen in Paris, Mailand, Hollywood und andere Laufstege zwischen Show, Geschäft und Phantasie. Der „Wanderzirkus der Moderne" rollt durch rivalisierende Modemetropolen. Gleichzeitig eröffnet sich die Modewelt neue Laufstege jenseits der Schauen: beim Aufmarsch der Filmstars in der Oscar-Nacht zum Beispiel, oder bei Yves Saint Laurents gigantischer Modeschau vor dem Endspiel der Fußball-WM. Suzy Menkes von der *International Herald Tribune,* die einflußreichste Modejournalistin der Welt, hat diese Szene im Blick. Das Interview mit ihr ist eine Liebeserklärung an über dreißig Jahre Arbeit an den Hot Spots der Modewelt.

Die „Modenschau" in diesem Buch stammt von der Photographin Regina Schmeken, deren Aktionsfeld eigentlich die politische Bühne ist, die aber seit sieben Jahren keine Haute Couture Saison in Paris versäumt: So, wie sie Deutschland zur Zeit der Wende mit ihren Bildern als „Geschlossene Gesellschaft" entlarvt hat, so erkennt sie auch in der kleinen Modewelt mit ihren Inszenierungen die Menschen und die Gefühle neben, hinter oder auf den Laufstegen.

Der vierte Teil wagt sich an Körper, Haut, an Sex und Sinnlichkeit – an die Unterwäsche, die mit prominenten Auftritten (wie denen von Madonna) und mit neuen Markenmöglichkeiten (wie denen von Calvin Klein) seit den 80ern einen Aufstieg erlebt, der die klassischen Grenzen von darunter und darüber verschwinden läßt. Axel Botur zeigt, warum – und warum das Ganze nicht mehr provoziert, sondern unterhält. Gertrud Lehnert erforscht das Verhältnis von Körper und Cover, die Geheimnisse von Erotik und Begehren in einer Zeit, in der Androgynie, Transvestismus, Sexualität und Transsexualität zelebriert und mystifiziert werden. Mode ermöglicht ein

Spiel mit Identitäten, mit der eigenen oder angezogenen Geschlechterrolle: Gerade in den 90ern ist unser Blick dafür geschärft.

Mode bleibt ein Medium, das jeder benutzt, um Persönlichkeit, Geistes- und Gefühlszustände und andere Botschaften auszusenden; sie vermittelt, international verständlich, den Stoff, aus dem der Zeitgeist ist. Diesen Sprung vom individuellen Ausdruck ins weltweite Modedorf und zu jener anderen großen Idee vor der Jahrtausendwende, der „Globalisierung", dokumentiert der fünfte Teil dieses Buches. Jürgen Müller erzählt die internationale Erfolgsstory der schwedischen Kreativ-Kette Hennes & Mauritz. Sabine Spieler schaut in die junge Szene, die Generation, die das Morgen bestimmt und kleidet.

Damit unsere Leser das nicht verpassen, bietet der Serviceteil die wichtigsten Termine der Modewelt im Jahr 2000 – und die Links, über die jeder Schauen, Messen und andere modische Ereignisse im Internet miterleben kann. Mag sein, daß hier, im Netz, der Laufsteg von morgen liegt. Designer wie Helmut Lang haben ihre Schauen dort schon inszeniert. Aber vielleicht gibt es statt dessen auch eine Rückkehr zur intimen kleinen Salonschau von früher mit einer Handvoll geladener Gäste. Die Mode ist immer für Überraschungen gut – sie ist launisch, kapriziös und bleibt trotz aller Markenstrategien unberechenbar. Und genau deswegen sind wir von ihr magisch angezogen.

I

WER DIE ROCKLÄNGE DIKTIERT, REGIERT DOCH DIE WELT

1. Die Macht der Bilder: vom Label zum Look

Von Susanne Becker

An einem Morgen im Frühling 1996 kam Model Kristen McMenamy ins Londoner Atelier des Modephotographen Jürgen Teller, der für ein deutsches Magazin eine Photo-Story zum Thema „Mode und Moral“ schießen wollte. McMenamy hatte sich gerade bei einer Show die Schulter ausgerenkt: Ein riesiger blauer Fleck erinnerte daran. „Stolz zeigte sie mir das Ding“, erzählt Teller später (METROPOLIS 1997): „Von da aus hat sich dann alles entwickelt...“ Er photographierte diesen und alle anderen Flecken auf McMenamys Körper. Dann malten sie ein Herz und den Namen Versace auf ihren nackten Busen und den Po – schließlich ging es um Mode.

Natürlich hätten sie diesen Schriftzug gar nicht mehr gebraucht: Modebilder kommen heutzutage ohne Designer, am besten sogar ganz ohne Kleidung aus. Trotzdem zeigen sie, was angesagt ist, was als schick gilt, was man trägt. Blaue Flecken zum Beispiel, Haare unter den Achseln und Ringe unter den Augen. Jedenfalls in den Photos von Jürgen Teller, Wolfgang Tillmans, Ellen von Unwerth, Mario Sorrenti und anderen jungen Modephotographen des sogenannten Street Style: Nadja Auermann mit dunklen Augenschatten und wirrem Fetthaar dreht ihre schwarzbehandschuhten Arme zur Kamera. Kate Moss im knappen Top, mit verschlungenen Armen schaut sie blaß und nachdenklich. Kristen McMenamy im Tanga dreht sich um und geht. Die Hintergründe sind neutral: Überall auf der Welt könnte es so aussehen.

Solche Bilder begegnen uns in allen Medien des täglichen Lebens – einschließlich der Reklametafel an der Bushaltestelle – in Wanne-Eickel ebenso wie in Wellington. Auch wer sich nie eine Modezeitschrift kauft, kann ihnen nicht entrinnen. Sie scheinen ein Lebensgefühl auszudrücken; und sie haben, obwohl es nach wie vor auch klassische Modebilder gibt, Gesichter und Stil gefunden, die wir mit der Mode vor der Jahrtausendwende verbinden. Darüber hinaus signalisieren sie einen entscheidenden Machtwechsel: Große Designer, einst alleinherrschende Könige in der Modewelt, drückten den glamourösen, prestigeorientierten 80er Jahren noch ihren Stempel auf. Das ist genauso vorbei wie jedes Modediktat. Sosehr uns Marken und die dazugehörigen Namen auch heute wieder anzie-

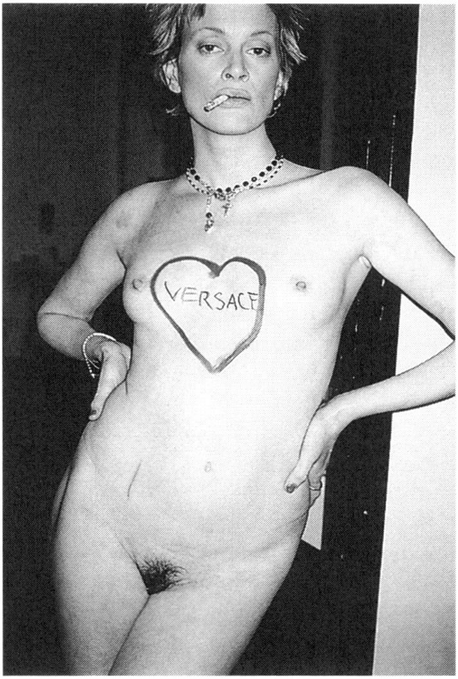

Jürgen Tellers Photographien von Kristen McMenamy: Provokation gegen den Glamour der Modewelt.

hen, mittlerweile geht das Szepter an das Quartett aus Designer-Stylist-Photograph und Model – an die Macht der Bilder: vom „Label" zum „Look".

Jürgen Teller kam 1986 nach London, nach einer abgebrochenen Lehre als Geigenbauer in Bubenreuth und einer erfolgreichen als Photograph in München. In London traf er Venetia Scott, die schon als Stylistin für die herrschende Photographenszene arbeitete. Hier dominierten besonders Helmut Newtons scharfe Luxus-Photographien und Richard Avedons Glamour-Inszenierungen. Lagerfeld, Versace und Armani gaben den Ton an – und die Supermodels warfen lange Schatten. Teller und Scott gingen mit einem Koffer voller Kleider von Katharine Hamnett nach Rumänien, um Modephotos zu machen, und kamen mit einem Koffer voller eigensinniger, ungeschminkter und eindrucksvoller Porträts zurück. Das sollte ihr Stil werden – und der einer ganzen Generation.

In London herrschte Aufbruchstimmung: „Wir fühlten eine gewisse Freiheit ohne Geld", sagte Venetia Scott später (METROPOLIS 1997). „Wir wollten die ganze Szene ordentlich aufwirbeln. Wir kauften Klamotten auf den Märkten, gingen damit zu den Mode-Shows" – und fanden ein Forum in Londoner Trend-Magazinen wie *i-D,* das die Rumänien-Story druckte. Die Mode in diesen Magazinen sagte Teller eigentlich wenig; er wollte schon früh „die Dinge aufs Wesentliche reduzieren, Charaktere schaffen und eine Story ... erzählen": „Ich möchte den Menschen die Möglichkeit geben, mit Hilfe der Photos zu träumen ... allerdings auf eine glaubwürdige Weise. Sie sollen nicht einfach ein Kleidungsstück sehen, sondern eine interessante, inspirierende Inszenierung, die jeder für sich selbst umsetzen kann. Kleidungsstücke an sich interessieren mich nicht" (Wakefield 1996).

Der Photograph:
„Wir verkaufen Träume, keine Kleider." (Irving Penn)

Kleidungsstücke, die diese Photos schließlich verkaufen sollen, bieten bestenfalls den Rahmen, die Atmosphäre, ein Grundgefühl für die Szenen, die Teller und Scott auf eben diese Weise prägen und die sie – zusammen mit Kulturkritikern, Designern und anderen Photographen – als „Neuen Realismus" bezeichnen. Aber natürlich hat dieser Realismus – ebenso wie der „Neue Realismus" in Literatur und Kino – nichts mit dokumentarischer Annäherung an die Wirklichkeit zu tun. Es ist nicht realistisch, wenn Kate Moss so im Gras liegt, daß nur ihre verrenkten Beine zu sehen sind, wenn sie frierend in Hemdchen und Federschmuck im Schnee steht oder seltsam ruhig auf einem Pferderücken liegt – „sie haßt Pferde", verrät Scott augenzwinkernd. Es ist vielmehr ein poetischer Realismus, eine Inszenierung des Natürlichen, die emotionalisiert. Und die so erfolgreich ist, weil sie im Kern eine neue Sehnsucht spiegelt.

Denn nach all dem Hochglanz der 80er Jahre, nach dem Glamour unerreichbarer Laufstege, dem Dauer-Jet-Set millionenschwerer Supermodels und den pompösen Inszenierungen abgehobener Modefürsten fingiert man in den 90ern den Blick auf die Straße, auf den Alltag, das wahre Leben. Das ist auch die junge, wilde, aggressive Reaktion auf das Ende der Postmoderne. Lange genug hatte diese alle Beziehungen und Bezüge hinterfragt, intellektualisiert

Humor und Ironie: Wolfgang Tillmans photographiert Magermodel Moss mit Erdbeeren und Kartoffeln.

und vor allem selbstreflexiv ironisiert. Der Autor war tot, das Subjekt nicht minder und Identität bestenfalls ein endloser Prozeß multipler Selbst-Positionierungen. Nach diesen komplexen Denkweisen, die unsere Wahrnehmung schärfen und die Konstrukte „selbstverständlicher" Denkmuster aufklären sollten, ist jetzt um so stärker das Bedürfnis nach sinnlicher Erfahrung zu spüren. Die modischen Strömungen der 80er setzten, schultergepolstert und ledergeschnürt, auf Distanz. Von diesem Geist der Postmoderne haben die Bilder der 90er eine Spur Ironie und Humor bewahrt. Aber sie verraten auch die Sehnsucht nach Nähe, persönlichem Erleben, danach, irgendwie ranzukommen, an die Menschen vielleicht und in jedem Fall: an die Gefühle.

„Wollt Ihr wirklich sehen, wie ich mich fühle?" So höhnisch betitelt, avancierte die Teller-McMenamy-Story mit den blauen Flecken und dem „Versace"-Po zum Skandalon in den Feuilletons und der

Mode-Journaille und zur bekanntesten Photostory der letzten Jahre (sie durchzieht z. B. wie ein spielerischer Kommentar Wakefields Photo-Band „Fashion", in dem demonstrativ kein einziger Designer erwähnt wird). Allerdings wirkte sie nicht etwa als Sinnbild der neuen Ehrlichkeit, sondern als – für viele schockierendes – Dokument der neuen Häßlichkeit. Ein Schlag gegen den Schönheitskult, den Perfektionismus der Supermodels und den so gern wiederholten Grundgedanken der Modemagazin-Editorials, daß wir Modebilder lieben, weil sie unsere Phantasien von Schönheit, Glamour und Reichtum bedienen.

Modephotograph Jürgen Teller:
„Bei mir ist die Mode ein Accessoire, und das Wichtigste ist der Mensch." (NZZ 10. 2. 1998)

Schönheit ist flüchtig; die Griechen ehrten sie als Gabe Gottes und huldigten ihr gerade wegen ihrer Vergänglichkeit. Schönheitsideale sind kurzlebig, auch wenn sie in solch hart erarbeiteten, hochbezahlten und anpassungsfähigen Gestalten wie Claudia Schiffer, Naomi Campbell oder Cindy Crawford daherkommen. Noch gar nicht solange scheint es her, daß die schönsten Frauen der Welt in George Michaels Video seinen Song „Freedom 90" mitsangen – und doch sind es Szenen wie aus einer anderen Welt: Cindy Crawford in der Badewanne, Linda Evangelista beim Kaffeekochen, alles mit Weichzeichner gedreht ... Der Soundtrack der 90er hat sich gewandelt, das Lebensgefühl auch. Heute wird es als „Bittersweet Symphony" von *The Verve* besungen, und bittersüß – wenn nicht gar todtraurig – sind auch die Blicke der Gesichter, die den perfektionistischen Supermodels nachgefolgt sind und die den Look der späten 90er prägen. Bezeichnenderweise finden Deutschlands Männer auch nach ihrem Abschied vom Laufsteg noch, daß Cindy die Schönste sei. Doch die Zeiten ändern sich; Claudia versucht sich seit 1998 vorsichtshalber als Filmschauspielerin. „I'm a million different people from one day to the next ..." besingt Richard Ashcroft von *The Verve* die unausweichliche Erkenntnis über den ständigen Wandel, die Verweigerung einer festgefügten Identität. Ashcroft verkörpert geradezu den angesagten, schlampig-strähnigen Look für alle diejenigen, die teure Designerklamotten meiden (obwohl gerade die immer mehr so aussehen) und die mit diesem Look eine virulent gewordene Identitätsfrage überdecken.

Die Beauty Queens der neuen Szene sind kindlich oder androgyn, allen voran Kate Moss. Die wirkt auf den Photos von Calvin Kleins Parfum „CK be" 1997 so magersüchtig, daß boshafte Zeitgenossen ihr die Website „Feed Kate Moss" im Internet eingerichtet haben. Aber Kate Moss verkörpert eben nicht Schönheit, sondern den „Neuen Realismus", der aus der besagten Londoner Magazin-Szene kam, wichtige Kampagnen bestimmte und damit zum weltweiten Trend wurde. Das männliche Pendant dazu ist der nicht minder androgyne jugendliche Held mit sanft-verwegenem Verführerblick: schmal, wenig Bart, viel Haar und vor allem sensibel.

Der „Neue Realismus" – der, wie schon angedeutet, eigentlich ein poetischer Realismus ist – machte die Modebilder zum für die Öffentlichkeit erregendsten Mode-Thema der 90er, neben dem Tod von Gianni Versace (vgl. Kapitel I.2). Im Juni 1994 druckte das englische Trendmagazin *The Face* eine Photostory von Jean Baptiste Mondino, die Teenager mit seltsam friedlichen Gesichtern zeigt. Dabei halten sie in blutverschmierten Händen Revolver an die Schläfen oder streicheln ihre Schußwunden – Bilder der Todessehnsucht. Da half es auch nicht, daß Mondino beschwichtigend über die allgegenwärtige Gewalt in Los Angeles sprach und versicherte, daß in seinen Bildern Waffen und Blut künstlich seien und die Models deswegen eigentlich ganz glücklich. Die Öffentlichkeit entrüstete sich: Hier werde Selbstmord verherrlicht und das ganze ohnehin schon völlig instabile Lebensgefühl der Generation X romantisiert.

Trotzdem trieben die Photographen ihren schockartigen Realismus mit äußerst breit gestreuten und erfolgreichen Bildkampagnen immer weiter voran, bis hin zum „Heroin-Chic". Aber dann starb, am 4. Februar 1997, in New York der Modephotograph Davide Sorrenti an einer Überdosis Heroin. Er war erst zwanzig und der jüngste in einer Dynastie italienisch-amerikanischer Mode-Photographen. Plötzlich wurden die Drogenprobleme der hippen Fashion-Szene zum öffentlichen Thema, sogar für den amerikanischen Präsidenten: Interessanterweise kritisierte Bill Clinton aber ausdrücklich nicht die Mode, sondern die „Bilder aus der Modeindustrie", die „Heroin und Abhängigkeit als glamourös, sexy und cool verherrlichten". Die Modemacher selbst, in Deutschland vor allem Wolfgang Joop, konterten, daß der Drogen-Look das Lebensgefühl der Jungen, Kreativen, Unetablierten widerspiegele. Im übrigen hatte ja Davides Bruder Mario Sorrenti 1994 eine Kampagne für Joop photographiert, nicht mit Models, sondern mit Typen aus der Berliner Drogenszene. Schließlich forcierten auch Kultfilme wie „Trainspotting" (1996) und „Kids" (1995) die Themen Drogen, Sex und AIDS. Doch jetzt war klar: Eine Trendwende stand an – auf Kate Moss und ihre blassen Kolleginnen Karen Elson und Jodie Kidd sollten beim Make-up für Shows und Shootings keine tiefen Augenschatten mehr warten, sondern frische Apfelbäckchen.

Der todschicke Look von heute ist nicht neu. Er erinnert an die trashige Ästhetik von amerikanischen Photographen wie Nan Goldin und Larry Clark, die seit den späten 60ern den sterilen, dauergewellten Familien-Stilleben ihren radikalen Realismus entgegensetzten. Beide gelten als Chronisten eines Alltags, der mit seinen Straßenkids und Junkies den herrschenden cleanen Plastik-Look verhöhnte. Aber auch die Modephotographie selbst kennt längst solche Provokationen. Im September 1962 erschien in *Harper's*

Richard Avedon

Geboren 1923 in New York. Sein Vater, ein jüdisch-russischer Einwanderer, baute in den 20er und 30er Jahren das renommierte Damenbekleidungsgeschäft „Avedon's Fifth Avenue" auf und schenkte seinem zwanzigjährigen Sohn eine Rolleiflex-Kamera. Der war gerade bei der Handelsmarine, photographierte dort Paßbilder und versuchte sich nebenher mit photographischen Experimenten. 1944 begann er, mit Bijou Barrington, dem damals teuersten Photomodel New Yorks, zusammenzuarbeiten; 1945 begann seine Arbeit bei *Harper's Bazaar* (bis 1965). In dieser Zeit avancierte Avedon zu einem der berühmtesten Modephotographen der Welt, besonders weil er als erster die Mode auf die Straße brachte. Er inszenierte „zufällige Momente", in denen die Models durch Schönheit und Eleganz aus der Masse hervorstachen. 1966 bis1970 gehörte Avedon zum *Vogue*-Team, doch inzwischen war er auch als Porträtphotograph berühmt. Er photographierte Jackie Kennedy im Weißen Haus, war der Lieblingsphotograph von Marilyn Monroe, und seine Collagen von den Beatles gingen als Poster um die Welt. Seine zahlreichen Bildbände zeigen darüber hinaus, daß er ein scharfer Kritiker Amerikas ist (z. B. „In the American West", 1985). Er hat einmal gesagt: „Ich habe es vermieden, Gewalt zu photographieren, weil ich glaube, daß Bilder von Gewalt die Gewalt auf der Welt nur vermehren" (Becker, 1994). In diesem Sinne also sollen seine Bilder von Schönheit und Mode die Schönheit auf der Welt vermehren. Oder die Mode.

Bazaar folgende Photographie von Richard Avedon, dem wohl wichtigsten Modephotographen: Im „Paparazzi"-Stil inszeniert, verläßt eine Frau das Krankenhaus. Bandagen an ihren Handgelenken deuten auf einen gescheiterten Selbstmordversuch hin. Sie trägt Yves Saint Laurent.

All dies schwingt heute mit, wenn Wolfgang Tillmans seine „Mami" und Ellen von Unwerth ihre „Bikini-Modelle" photographiert. Aber was David Sims mit seinen kühlen Szenen, Mario Sorrenti mit seiner melancholischen Sinnlichkeit, Wolfgang Tillmans mit seiner persönlichen Handschrift und Ellen von Unwerth mit ihrer frechen Lässigkeit vor allem verbindet, ist vielleicht, wie Tillmans es sagt (Deitcher, 1998), die Suche nach einem gemeinsamen Grundgefühl und nach Momenten, die erst in diesem emotionalen Zusammenhang ein Bild ergeben. Ein Bild von der Mode vor der Jahrtausendwende.

Und diese Mode ist mehr als existentieller Trash; sie wiederholt das Ideal des letzten Fin de siècle. Auch vor 100 Jahren war krankes Aussehen „in", herzhaft zu essen verpönt, und eine schmale, hinfällige Erscheinung galt als Zeichen von Empfindsamkeit, Kreativität und Lebensstil. Das hing einerseits mit der Romantisierung der Tuberkulose als Erkrankung aus verzehrender Leidenschaft zusammen, andererseits mit dem bourgeoisen Schönheitsideal durchgeistigter Blässe. Heute signalisieren die hohlwangigen und hungrigen Gesichter, selbst wenn sie lächeln, eine seltsame Verweigerung der Konsumgesellschaft, deren Oberfläche sie ironischerweise gleichzeitig bewerben. Doch ihre melancholischen Blicke zeigen vielleicht wirklich ein (Lebens-)Gefühl: das Gefühl, irgendwie doch nicht dazuzugehören.

In den letzten Jahren machte jede Mode Furore, sofern sie ihr Image konsequent an Bildern orientierte. Internationale Modenschauen werden immer gezielter als Spektakel für die Live-Übertragungen der Fernsehanstalten designt: Das konstatierte die Päpstin der Modekritik, Suzy Menkes, indem sie „Prêt-à-Porter" (fertig zum Tragen) kurzerhand in „Made-for-the-Screen" (fertig für den Bildschirm) umtaufte (z.B. in der *International Herald Tribune* vom 24.1.1997). Teuer bezahlte Anzeigenkampagnen im hippen Look bestimmen, was Hochglanzmagazine in Trendbilder-Modestrecken umsetzen: ein weiteres Element zu Bilderflut und Medienmacht. Und daß im Winter 1999 diese Hochglanzmagazine versuchten,

Schauspielerinnen und Fernsehstars als Covergirls zu stylen (Oprah Winfrey auf der amerikanischen *Vogue,* Penelope Cruz auf der spanischen, usw.) – das bringt mehr Showbiz, aber keinen neuen Look ins Bild. Die derzeit begehrtesten Schauspielerinnen wie Gwyneth Paltrow treten selbst wieder als Inszenierungen des Magerlooks auf und mehren den Ruhm ihrer Lieblingsmarke im Kamera-Taumel der Oskar-Nacht.

Die Kritikerin:
„Die Zukunft der Haute Couture? Die wird für den Bildschirm gemacht!" (Suzy Menkes)

Vielleicht hat sich die Mode selbst nach diesen Bildern entwickelt. Jedenfalls gewannen Labels an „Wertigkeit" oder „Begehrlichkeit" ausgerechnet dann, wenn sie im Zusammenhang mit Schlampenlook und „Street Style" gezeigt wurden. Das gilt sogar für Versace – dessen letzte Kampagne Richard Avedon im Juni 1997 ausgerechnet mit der schrägen Nordengländerin Karen Elson (damals 18) photographierte. Es gilt für das Luxus-Label Prada – repräsentiert durch die farblose Chloé Sevigny mit ihrem Image des AIDS-infizierten Teenies aus Larry Clarks Film „Kids". Und es gilt auch für die professionellen Outfits von Strenesse. Das Label des Nördlinger Ehepaars Strehle erlebt eine vielbeachtete Erfolgsstory, die mit einer perfekten Mischung aus Luxus, Tragbarkeit und Erschwinglichkeit der Entwürfe ebenso zu tun hat wie mit konsequent verfolgtem Markendenken. Allerdings hat sie vor allem mit den Bildern zu tun, die diese Marke ausdrücken.

Die Designerin:
„Mir liegt nicht daran, ein Produkt für jedermann erkennbar darzustellen. Mir ist es wichtig, ein Gefühl rüberzubringen." (Strenesse-Chefin Gabriele Strehle)

Die Bilder setzen bei Strenesse seit Anfang der 90er auf eine Kombination von wichtigen Photographen, hippen Models und Lifestyle – mal auf der Straße, mal im Schlafzimmer. Zum ersten Mal ersetzte 1991 ein Strenesse-Buch – heute geradezu ein Sammlerstück – die alten Vorschau-Kataloge, und die Story von der professionellen Geschäftsfrau, von Jacques Olivor mit Christy Turling-

Mager, aber glücklich: so zeigt Mario Sorrenti für Strenesse den Look der 90er.

ton in New York photographiert, war nur der Anfang von ähnlich erfolgreichen und vor wie hinter der Kamera prominent besetzten Bilder-Geschichten. Übrigens ist auch eine von Jürgen Teller mit Kristen McMenamy dabei: Da hat sie allerdings etwas an und manchmal sogar ihr Kind auf dem Arm (Spring Summer, 1996). Wie wirken all diese Modebilder? Jedenfalls nicht nur auf die geneigte Kundin, sondern, vor allem, auf die Designer und auf die Entwürfe.

Keine Klamotten. Sondern eine Vorschau aufs multikulturelle 21. Jahrhundert.

Imagestrategen sagen dazu lapidar: „Das Produkt verändert sich mit den Bildern."

Die Mode verändert sich durch die Bilder. Hatte nicht ausgerechnet Peter Lindbergh gesagt, nichts auf der Welt sei so unwichtig wie die Modephotographie? Hatte nicht Richard Avedon Anfang der 90er Isabelle Adjani in seinen eigenen alten Mantel gehüllt, sie auf einem Grabstein sitzend photographiert und damit den „Tod der Modephotographie" inszeniert? Die Zeit vor der Jahrtausendwende tritt den Gegenbeweis an: Modebilder fühlen den Puls des Fin de siècle und bestimmen, nachdem die Designer die Rocklänge nicht mehr diktieren, den Look.

Klar, seit Avedons Grablegung des schönen Scheins brauchen Bilder über die Mode keine schönen Kleider mehr zu zeigen. Die Kultmarken der 90er leben von dieser Befreiung und von der Liaison mit Photographen, die konsequent das Image der Marken durch überraschende Assoziationen jenseits der Modewelt aufmöbeln. Benetton-Photograph Oliviero Toscani sorgt, mal mit Geschmacklosigkeit (dem Soldaten-T-Shirt), mal mit politischen Aktionen (der UNO-Kampagne „Feinde"), immer wieder für kleine, spekulative Sensationen. Seine klügste Inszenierung aber, „Faces" (Sommer 1997), zeigt leicht überdimensionale junge Gesichter. Kleider sieht man

„Fashion-Able?" Photograph Nick Knight und Model Aimee Mullins demonstrieren neue Schönheiten.

nicht, dafür bekommt man eine Vorahnung vom ethnischen Gemisch der Welt im 21. Jahrhundert.

Wenn Modephotos doch noch Mode zeigen, ist dennoch alles anders. Toscanis Kampagne „Sonnenblumen" (Sommer 1998) mit behinderten Kindern in Benetton-Outfits ist nicht bloß eine politisch korrekte Geste; sie zeigt auch die Möglichkeiten des poetischen Realismus, die wirkliche Welt in die Welt der Mode zu holen. Gleichzei-

Ellen von Unwerth photographiert Gefühle und Herbert Grönemeyers neuen Look.

tig photographierte Nick Knight in London das behinderte Model Aimee Mullins für das Cover des Szene-Magazins *Dazed and Confused* (September 1998). Stardesigner Alexander McQueen übernahm die Verantwortung als Gastredakteur und machte nicht nur seinem Image als Enfant Terrible der Haute Couture, sondern auch dem als sozialkritischer Geist alle Ehre. Mullins hatte seine Show bei der Londoner Fashion Week eröffnet und für Empörung im erlauchten Kreis der Modeinsider gesorgt. Allerdings erreichte ihr Cover-Photo, inzwischen international kopiert – in Deutschland z. B. vom *ZEIT*-Magazin (5. 11. 1998) mit dem doppelten Titel *Fashionable,* also „modisch" und „modefähig", – viele Menschen jenseits des Modeklüngels. Diese Bilder zeigen vielleicht am wirkungsvollsten den Versuch einer Wendung zum wahren Leben.

Der französische Semiotiker Roland Barthes hat 1967 die „Sprache der Mode" als Zeichensystem zerlegt. Am Ende seines Buches führt er aus, daß die Modephotographie entweder durch buchstäbliches oder durch romantisches oder durch lächerliches Abbilden einer Szene alles ins Irreale spiele, außer der Kleidung selbst. Nur diese bleibe glaubwürdig: alles andere – die Frau, ihre Gestik und ihre Situation – werde ins Unnatürliche übersteigert. Heute ist es umgekehrt. Modebilder treten als Beteuerungen ihrer eigenen

Glaubwürdigkeit auf, als Versprechen von Authentizität. Da ist es gleichgültig, daß die Models jetzt wieder lächeln, daß – besonders bei den Amerikanern – „happy, young and healthy" die neuen Zauberworte sind: Die Aura der Bilder löst sich wie in Zeitlupe aus der Tristesse, bleibt aber umschwebt von Melancholie und einer Emotionalität, die zu ihrer Verletzlichkeit steht.

Eben das ist der Nimbus des poetischen Realismus, mit dem die Modebilder vielleicht zum wichtigsten Ausdruck der Lebensgefühle im Global Village werden. Und natürlich liegt gerade darin auch ihre Fähigkeit, Kleider zu verkaufen: Die Mode, der Look, die Persönlichkeit scheinen erreichbar, zum Greifen nah – die fingierte Realität bietet größere Identifikationsmöglichkeiten als die früheren Glamourinszenierungen. Damit ist einerseits die Macht der Bilder über „Rocklänge" und Mode, andererseits die Manipulation der Menschen und ihrer Sehnsüchte viel größer als in den klassischen Phantasiewelten der Mode. Wim Wenders, der Regisseur, dessen sinnlich-poetische Filme ein großes Mißtrauen gegen die Bilder ausdrücken, weil heute die schönsten Bilder doch nur noch irgend etwas ganz anderes verkaufen, hat einmal gesagt: „Wem im Jahr 2000 die Bilder gehören, dem gehört die Welt" (Dadelsen, 1993). Er hatte recht.

2. Macht und Ohnmacht der Designer: Zwischen Popstar und Popart

Von Stefanie Schütte

Die Popstar-Designer

Das ewige Schwarz ihrer Kleider schien nach Gianni Versaces Tod plötzlich einen Sinn zu bekommen. Die stets düster gewandete Modemeute versank in seltsam sakrale Stille, nachdem der italienische Modeschöpfer am 15. Juli 1997 in Miami Beach beim Betreten seiner Villa erschossen worden war. Und noch bei den drei Prêt-à-Porter-Schauen im Oktober, die unter Federführung seiner Schwester Donatella über den Laufsteg gingen, hielt diese Stimmung an: Als vor den Schauen eine Widmung an den toten Designer auf eine Leinwand projiziert wurde, herrschte wieder Schweigen – kein hekti-

„Der Mann, der die Schöpfung beherrschte", schrieben italienische Zeitungen nach seinem Tod über Gianni Versace. Zusammen mit seinem Bruder Santo und seiner Schwester Donatella baute er einen Milliardenkonzern auf.

sches Fingern am Handy, kein Johlen der Photographen, keine zischelnden Bemerkungen altdivenhafter Chefredakteurinnen. Der Schock saß tief: Versace war äußerst beliebt gewesen. Dieser plötzliche gewaltsame Tod stellte den die Modeszene beherrschenden Kult um Jugend und Schönheit zutiefst in Frage. Doch vielleicht wog noch schwerer, daß mit Versaces Tod die 80er Jahre der Mode mit all ihrer Opulenz endgültig vorbei waren und eine Figur verschwand, die typisch für diese Zeit (wie auch das vorangehende Jahrzehnt) war: der Popstar-Designer, der angehimmelte Kreative, der mit viel Prunk und Glanz ein Leben als Traum inszeniert und ebensoviel Glamour verbreitet wie die Hollywood-Größen, die er anzieht.

Bei der pompösen Trauerfeier im Mailänder Dom betrat Supermodel Naomi Campbell schon weinend die Kathedrale, Elton John brach kurz danach in Tränen aus, und Prinzessin Diana, Freundin und Kundin des Modeschöpfers, verharrte eine halbe Stunde lang an der Urne. Der bühnenreife Tod Versaces setzte seinem exaltierten Leben einen verstörend passenden Schlußpunkt. Theatralisch wie sein Leben und Sterben war seine Mode: Leder und Seide, üppige barock anmutende Elemente, Sportswear, Sex, oft bewußt ins Vulgäre gesteigert, verschmolzen zu einer fast brutalen Demonstration von Luxus. „Er hat nie Kleider für die zahllosen modisch und persönlich unsicheren Kunden gemacht. Statt dessen hat er eine opulente Oper großer Kleider komponiert, die szenisch und sinnlich begriffen werden wollen", schrieb Richard Martin, Kurator des Costume Institute am Metropolitan Museum of Art und einer der weltweit führenden Modeexperten, über ihn in seinem Band „Magier der Mode. Versace". Versace zu tragen hieß, sich zu dessen Welt zu bekennen.

Nie schien er Konzessionen an den Geschmack seiner Kunden zu machen, und doch war Gianni Versace ein Meister der Vermarktung. Zusammen mit seinem Bruder Santo und seiner Schwester Donatella baute er einen Modekonzern mit Milliardenumsatz auf. Parfums, Taschen, Brillen, Regenschirme, Porzellan, Bettwäsche – all das gehörte zur Versace-Welt, die im Zeichen der von ihm zu seinem Symbol erhobenen Medusa einen ganz eigenen Lebensstil zelebrierte. Wie ein König schien der neben Armani erfolgreichste Designer Italiens über seine Welt von diversen Prachtvillen aus zu regieren. „Der Mann, der die Schöpfung beherrschte", lautete gar ein schwärmerischer Kommentar italienischer Zeitungen nach dem Mord an Versace.

Der Ledermann ist tot, ein anderer Popstar-Designer lebt noch, wenn auch wie ein Schatten der eigenen Legende. Kam man in den letzten Saisons zu Beginn der Pariser Prêt-à-Porter-Schauen in den

Salon des Hauses Yves Saint Laurent, herrschte zwar nicht sakrale, doch vornehme Stille. Nur ein paar Roben raschelten, Kameras klickten. Perfekt geschminkte Models schritten auf hohen Absätzen den auf Samtstühlen sitzenden Kreis der Journalisten ab. Mittendrin saß mit funkelnden Augen Pierre Bergé, Saint Laurents tüchtiger Geschäftspartner, sein Alter ego und der große Fadenzieher des Modehauses. An glücklichen Tagen erschien zum Ende der Vorstellung der Meister selbst. Von Krankheit gezeichnet stand er da, den Blick in die Ferne gerichtet. Er empfing die Glückwünsche zur Kollektion, die Hand klammerte sich haltsuchend an der des Gratulanten fest. Doch auch mit dieser fast makabren Vorstellung ist nun Schluß: Im Frühjahr 1999 hat der junge talentierte Alber Elbaz den „Designer-Stab" der Prêt-à-Porter-Kollektion für die Damen übernommen, die Herrenlinie entwirft schon seit mehreren Saisons Hedi Slimane. Saint Laurent selbst bleibt noch die Haute Couture als seltsames Abschiedsgeschenk für einen Modeschöpfer, der mit der traditionellen Vorstellung von der hohen Schneiderkunst brach. Saint Laurent holte die Mode „von der Straße", verpaßte mit epochemachenden Entwürfen wie seinen schwarzen Damen-Lederjacken, dem Abendsmoking oder den Mondrian-Kleidern der Haute Couture einen trendigen und zeitgemäßen Anstrich und bereitete damit dem Siegeszug des Prêt-à-Porter den Boden. Er selbst gründete seine vielgerühmte Prêt-à-Porter-Linie Rive Gauche schon 1966.

Wie sein Freund Andy Warhol erschuf sich Saint Laurent eine eigene Legende, tanzte mit seinem Gefolge im New Yorker Studio 54 die Nächte durch und sammelte allerlei schillernde Figuren um sich. Er kreierte einen Kult um die eigene Person und machte sich

Prêt-à-Porter
Wörtlich übersetzt: „Fertig zum Tragen". Von Designern oder Couturiers entworfene Mode, die weltweit in eine beschränkte Anzahl von Läden oder Luxuskaufhäusern geliefert wird und somit wie Konfektionskleidung gleichsam „von der Stange" zu kaufen ist, allerdings von einer sehr exklusiven Stange. Steht im Gegensatz zur maßgeschneiderten und handgenähten *Haute Couture*. Dem *Prêt-à-Porter* gelang Anfang der 60er Jahre mit den avantgardistischen Kreationen englischer Designer wie Mary Quant der Durchbruch. Eigentlich wollten diese unkonventionelle Jugendmode schaffen und revolutionierten damit die gesamte Textilbranche.

Mit diesem Bild machte sich Yves Saint Laurent selbst zur Legende. 1971 posierte er nackt für seinen Herrenduft YSL und war damit einer der ersten Designer, die die eigene Person werbewirksam vermarkteten. Jil Sander und Wolfgang Joop warben später zwar nicht mit ihrem Körper, aber immerhin mit ihrem Gesicht.

selbst zum Markenzeichen, indem er etwa mit dem eigenen nackten Körper für sein Herrenparfum YSL warb. Was Walter Benjamin am Beispiel von Baudelaire einst festellte – im Zeitalter des Feuilletons müsse sich der Künstler zum Teil des nun als Massenware zu kommerzialisierenden Kunstwerks machen – gilt für die Popstar-Modeschöpfer Saint Laurent (in den späten 60ern und 70ern) und Versace (in den 80ern) gleichermaßen. Dabei waren sie im Schaffen ihrer Mode frei – ähnlich wie Baudelaire, der ja mit seiner als subversiv geltenden Poesie reüssierte. Beide beherrschten die Modewelt – ihre Vorgaben waren ähnlich unfehlbar wie die des Urvaters der Haute

Couture, Charles Frederic Worth. Bloß richteten sie sich nicht mehr nur an eine kleine Elite, sondern an eine ganze Generation von Fashion Victims. Saint Laurents Samthosen, Rüschenblusen und Stirnbänder wirkten absolut unkonventionell; seine Kunden pflegten mit Begeisterung den vom „Meister“ ersonnenen Look. Das gleiche galt – in etwas anderem Maß – auch für Versaces Mode. Während beide also – obwohl das sogenannte „Modediktat“ aus den Zeiten Diors nicht mehr existierte – weiterhin wie Imperatoren über ihre Anhänger herrschten, kam in den 80er Jahren eine ganz andere modische Bewegung auf leisen Sohlen daher.

Der Siegeszug des Minimalismus

Und zwar von verschieden Orten aus – sie breitete sich über Mailand, New York und Hamburg aus, erreichte Paris und eroberte langsam, aber sicher den größten Teil der Modewelt: der Minimalismus. Dieser Stil beschränkt sich auf das Notwendigste, Zierat und Capricen lehnte er zunächst rigoros ab (später waren sie in Maßen erlaubt), Pures verband er gekonnt mit Eleganz: der schwarze schlichte Hosenanzug für die Frau, die lose Hemdjacke für den Mann und der so edle wie simple Kaschmirpulli für beide. Wegbereiter der neuen Ästhetik jenseits von Protz und Prunk waren japanische Designer wie Rei Kawakubo (Comme des Garçons), die jedoch wegen ihrer fernöstlich inspirierten, mit äußerst komplizierten Schnitt-Techniken arbeitenden Modephilosophie selbst nicht als Minimalisten gelten können. Die Protagonisten der neuen Bewegung waren daher andere – wie die Deutsche Jil Sander, die Amerikaner Donna Karan und Calvin Klein und vor allem ein Italiener, der sicher als der einflußreichste Designer der letzten Jahrzehnte dieses Jahrhunderts Modegeschichte schreiben wird: Giorgio Armani (er selbst würde sich wohl eher als „Puristen“ bezeichnen). Armani machte die steife Herrenmode locker, warf ein paar Polster aus den Jacken und gilt seitdem als Schöpfer des „dekonstruierten Anzugs“. Gleichzeitig verschaffte er den Frauen einen neuen Businesslook, indem er die enge Kostümjacke durch eine lockere, feminine Variante der Herrenblazers ersetzte. Armanis große Zeit waren, genau wie bei Gianni Versace, die 80er Jahre – doch markiert der Norditaliener den modischen Gegenpol zum Kalabresen Versace.

Großmeister des Purismus: Giorgio Armanis schlichter Stil revolutionierte in den 80er Jahren die Mode.

Ihm waren die überladenen Modelle seines Kollegen ein Greuel, seine wilden Schauen lehnte er ab. Versace dagegen spottete über ihn: „Seine Mode ist so langweilig, daß es mich umhaut. Immer das gleiche Zeugs, immer von einer schlimmen Langeweile. Seine Jacken sind beige, sein Haus ist beige, er selbst ist beige ... Ich bin nicht Armani, der irrt sich nie. Dafür entwirft er pro Jahr nur ein Kostüm – ich aber tausend." (SZ-Magazin, 26. 3. 1992)

Kurz vor Versaces Tod gipfelte der Konkurrenzkampf der beiden in einer von den italienischen Medien eröffneten Polemik anläßlich der Florentiner *Biennale* 1996. Während Versace sich gerne und ausführlich über die Parallelen zwischen Mode und Kunst ausließ, machte Armani mit einer ganz anderen Interview-Äußerung Furore: „Die Mode ist tot", behauptete er kühn und bezog sich damit auf die schwindende Macht des Designers. Heute bestimme die Kundin, was Mode sei, sie lasse sich nichts mehr vorschreiben. Sieht man diese letzte große, von den Medien vorgenommene Gegenüberstellung der beiden Italiener als exemplarisch für die jüngere Modegeschichte an, könnte man sagen: Versace steht (wie vor ihm Saint Laurent) für die Macht der Designer, Armani (wie auch der Minimalismus) dagegen für die Macht der Kunden, und letztere hat sich nach und nach gegenüber den Popstar-Designern durchgesetzt.

Oberste Gebote des Minimalismus (bzw. Purismus) sind Tragbarkeit, Komfort, Bequemlichkeit, böse Zungen würden dazu die „Verkäuflichkeit" stellen. Luxuriöse Stoffe und perfekte Schnitte sind folglich selbstverständlich – und das nicht nur für die Vorreiter des Minimalismus, sondern auch für deren zur Zeit gefeierte Nachfolger. Für Helmut Lang, Tom Ford (Gucci), Miuccia Prada, Jil Sander oder Costume National gilt nach wie vor der Satz: „Form follows function" (bei einem Popstar-Designer wäre das genau andersherum). Ihre modische Revolution gleicht der der Bauhaus-Bewegung in der Architektur. Die Mode soll einer Art Demokratisierungsprozeß unterzogen werden, auch wenn sich ihre Entwürfe weiterhin nur an eine handverlesene Elite richten. Das wichtigste Kriterium ist jedoch die Kompatibilität mit dem Kunden – seine Wünsche werden gleichsam erspürt und sofort realisiert. Diesen Stil, der so vieles den Ideen der beginnenden Moderne Anfang des 20. Jahrhunderts verdankt, belegen Stilisten, Modejournalisten und selbst Designer heute am liebsten mit ihrem bevorzugten Koseattribut: „modern".

Der Witz liegt dabei im Detail, hemmungslose Kreativität ist nicht gefragt. Das gilt heute genauso wie vor zehn Jahren. Trotz des Plätscherns kleiner Wellen wie der „Neuen Weiblichkeit" oder der „Neuen Romantik" bleibt der Minimalismus, inzwischen gern als „Casual Chic" getarnt, die stärkste Strömung im modischen Fluß (Vgl. zur „Herrschaft des Minimalismus", Kapitel II., 2).

Casual
Gilt seit einigen Jahren als Schlüsselbegriff, um einen zeitgemäßen Modestil zu beschreiben. Zunächst wurde damit lässig-sportive Freizeitkleidung bezeichnet. Inzwischen tauchen immer mehr *Casual*-Elemente auch im Busineß-Look oder sogar in eleganter Abendmode auf. *Casual* heißt in diesem Sinne „lässig" oder sogar „luxuriös-komfortabel". Reißverschlüsse an der Kostümjacke statt einer Knopfleiste sind längst auch auf dem breiten Markt zu finden; ungewöhnlicher mag die Kombination von Herrenanzug mit Simpel-Shirt und Edellatschen anmuten oder von Kapuzenpulli und langem Rock. Auch das derzeit grassierende „Sneakers"-Fieber, die Vorliebe für Sportschuhe, ist Ausdruck der *Casual*-Welle.

Die „jungen Wilden" kommen

Da jedoch das Wesen der Mode im Wechsel liegt, versucht sie seit ein paar Saisons, dem Minimalismus und damit dem Kunden wieder die Herrschaft zu entreißen – natürlich in der Hoffnung, die frühere Macht des Modemachers zurückzuerobern. Und so begeben sich einige Häuser auf die Suche nach dem verlorenen Szepter, ein Phänomen, das die Presse zum Schlagwort der „Ankunft der jungen Wilden" verführte.

Nun ist es allerdings schwierig, während der Regentschaft des Minimalismus kapriziöse Designer zu finden, Parzivals der Mode gleichsam, die vor keiner Torheit zurückschrecken. Man findet sie weder in Paris noch in Mailand oder New York, da sich alle mehr oder weniger auf den Minimalismus festgelegt haben. Als letzte Zuflucht uneingeschränkter Kreativität kommt also nur noch London in Frage: Die auf der Londoner Fashion Week zeigenden Designer galten von jeher als verrückt, unkonventionell und wild. Sie liefen quasi außer Konkurrenz, wurden von den berühmteren Kollegen in den großen Modestädten mit nachsichtigem Lächeln übersehen und konnten daher auf die süße Melodie der Verkäuflichkeit einigermaßen pfeifen: Das große Geschäft winkte ihnen ohnehin nicht.

Zudem gibt es in London mit dem Central St. Martins College of Art and Design eine sowohl künstlerisch als auch handwerklich renommierte Talentschmiede. Und: Mit Vivienne Westwood ist eine der wenigen heutigen Modegrößen mit Popstar-Format dort angesiedelt. Zu guter Letzt ist aus London schon einmal – Anfang der 60er Jahre – eine modische Revolution hervorgegangen. „Swinging London" hatte damals dem Prêt-à-Porter maßgeblich den Weg bereitet, ironischerweise sollte es jetzt auch der Haute Couture zu einem Comeback verhelfen.

Der erste Brite, der in der Modewelt von sich reden machte, hatte sich – vielleicht seine Chancen vorausahnend – schon selbst in die Höhle des Löwen begeben: Der junge, hochbegabte John Galliano war Absolvent von St. Martins und hatte in London Ende der 80er mit einigen spektakulären Schauen für Wirbel gesorgt. Schon wenige Jahre später riß er in Paris Moderedakteurinnen und Einkäufer zu spitzen Schreien des Entzückens hin. Seine Kollektionspräsentationen glichen Theatervorstellungen, seine Entwürfe aufwendigen Kostümen. Berühmte Models wie Shalom Harlow oder Nadja Auermann verwandelten sich bei Galliano-Schauen in geheimnisvolle Schlangenbeschwörerinnen, glanzvolle Pariser Kurtisanen oder Ballettänzerinnen aus der Zeit des Impressionismus. Die Kleider waren sexy, weiblich, wunderschön und wirkten ... untragbar. Gleichzeitig zeugten sie durch ihre perfekte Verarbeitung von höchster Schneiderkunst. Galliano selbst verkörperte vollkommen seinen Stil: Der 1960 in Gibraltar geborene Sohn einer Spanierin und eines aus Gibraltar stammenden Vaters wirkte mit seinem verwegenen Bärtchen, den langen Locken und dem funkelnden Ohrring wie ein mediterraner Pirat, heute pflegt er eher einen leicht schrägen Dandy-Look. Schon in seinen Jugendjahren in London hatte der begeisterte Szenegänger die Kunst der Selbstinszenierung erlernt, auch in Paris legte er sein „wildes" Outfit keinesfalls ab. Im Juli 1995 wurde bekannt, daß Galliano die modische Leitung des Couture-Hauses Givenchy übernehmen sollte, eine Sensation: der wilde Brite mit den Dreadlocks als Nachfolger des vornehmen Hubert de Givenchy, der immer noch im traditionellen Schneiderkittel aufzutreten pflegte. Andererseits war spätestens seit Gallianos „Winter Wonderland"-Schau im März 1995, einem Feuerwerk an Ideen mit afrikanischen und spanischen Elementen, klar, daß er der abgehobenen Couture näher stand als dem bodenständigeren Prêt-à-Porter. Im Januar 1996 zeigte Galliano seine erste Haute-Couture-Schau für Givenchy: lange Abendkleider mit Schleppe zum Thema „Prinzessin auf der Erbse" und raffinierte Seidencrêpeteile. Insgesamt reagierte die Presse – mit Ausnahme der einflußreichen *International Herald Tribune* – positiv. Schon ein halbes Jahr später wurde bekanntgegeben, daß Galliano in das noch renommiertere Modehaus Dior wechseln würde.

Es gibt wohl keinen Modethron, der besser auf die einstige Macht der Designer verweist, als der Kreativ-Chefsessel von Dior – der legendäre Christian Dior diktierte mit seinen Ideen, dem „New Look", der „Ovalen Linie" oder der berühmten „H-Linie" den Stil der 50er Jahre derart, daß eigentlich kein Entkommen möglich war. Fast jede Saison änderte er Rocklänge und Weite. Während Galliano sich also an die Thronerklimmung bei Dior machte, wurde bei Givenchy mit Alexander McQueen ein noch jüngerer, noch wilderer Brite zu seinem Nachfolger ernannt. Der Sohn eines Londoner Taxifahrers hatte wie Galliano St. Martins besucht. Bei seinen Kollektionsschauen traten die Models mit blutverschmierten Kleidern

Auch ein „bad boy" liebt es manchmal intellektuell. Haute Couture-Modell von Alexander McQueen für Givenchy, Frühjahr/Sommer 1999.

in wüsten Kulissen auf, die Spektakel folgten Themen wie „Jack the Ripper lauert seinen Opfern auf" oder „Highland Rape". McQueen selbst bezeichnete sich gern als „fette Schwuchtel" und schockte die französische Presse auch nach seiner Ernennung zum Designer von Givenchy noch mit Vulgärsprüchen und zotigen Witzen. Der Import des „bad boy" brachte einen unglaublichen Medienrummel in das versnobte Paris. Konservative Zeitungen waren entsetzt, wundersamerweise galt plötzlich das vorherige Enfant Terrible Galliano als artiger Romantiker. Auch wenn McQueens erste Couture-Kollektion für Givenchy im Januar 1997 nach all dem Wirbel enttäuschend zahm daherkam (die Prêt-à-Porter-Kollektion im März war dann ein Erfolg) – insgesamt versetzten Galliano und McQueen der Haute Couture einen regelrechten Kick. Für die schnell gelangweilte Modeszene wurde es wieder interessant, im Januar und Juli zu den vorher als verstaubt geltenden Präsentationen zu pilgern (den Niedergang der „Hohen Schneiderkunst" illustriert die Tasache überdeutlich, daß in den letzten 50 Jahren 102 Couture-Häuser geschlossen worden sind; nur 15 überlebten). Hinzu kam, daß sich sowohl Szene-Designer Jean-Paul Gaultier wie auch Thierry Mugler inzwischen als Couturiers versuchten – beide mit großem Erfolg.

Der Designer als Spielfigur

Dämmerte also tatsächlich dem Modemacher, ob als Couturier oder als Prêt-à-Porter-Designer, ein neues Morgengrauen seiner alten Macht? Die Mode mag ihren eigenen Launen folgen, doch dem Gesetz, daß Geschichte sich eben nicht wiederholt, entflieht auch sie nicht. Vom Modediktat kann man im Zeitalter immer kleinerer Zirkel mit ganz eigenen Codes sowieso nicht mehr reden. Doch auch die Macht, einen ausgewählten Kundenkreis nach ihren Vorstellungen zu modellieren, haben McQueen und Galliano nicht. Mit all ihrer Begabung sind beide nur Figuren in einem großen modischen Monopoly-Spiel – der Spieler heißt in ihrem Fall Bernard Arnault. Arnault führt den riesigen französischen Luxuskonzern LVMH (Luis Vuitton Moët-Hennessy) und kontrolliert damit ein Imperium, zu dem hochrangige Modehäuser wie Dior, Christian Lacroix, Givenchy und Kenzo gehören. Der „Pope of Fashion", wie ihn die einflußreiche Modezeitung *Women's Wear Daily* nennt, hält einen großen Teil der Fäden der französichen Schneiderkunst in der Hand – kein anderer als Arnault hatte die Einstellung von Galliano betrieben und das Bäumchen-Wechsle-Dich-Spiel mit McQueen inszeniert. Er hat sich vorgenommen, Geschichte und Geist der Modehäuser mit größtmöglicher Modernität zu vereinen. Es geht ihm also um eine Verjüngung der unter der Last ihrer glorreichen Tradition inzwischen arg ächzenden Firmen, um die Eröffnung einer Zukunftsperspektive. Doch wird diese „Frischzellenkur", um sich gegen aufstrebende jüngere Marken (wie etwa Martine Sitbon oder Dries Van Noten) zu behaupten, nicht so betrieben wie bei dem großen Vorbild jeder Markenerneuerung, der Leistung Karl Lagerfelds bei Chanel. Der war zwar dort von Anfang an als angestellter künstlerischer Direktor ein „Lohndiener", doch herrschte und herrscht er durchaus als Herr im eigenen Haus. Er bestimmt ganz und gar den Stil von Chanel, vielleicht ist er der einzige, der heute noch das Szepter des Modemachers fest in der Hand hält. Allerdings gilt der Hamburger, der virtuos sowohl das Modehandwerk wie auch das Geschäft des Markenmachens beherrscht, als absolute Ausnahmeerscheinung in der Fashion-Szene. Neben Chanel hat er immer noch einige andere Eisen im Feuer, entwirft Mode für Fendi, bringt Photobände heraus, hat kürzlich ein neues Ladenkonzept mit dem Titel „Lagerfeld Gallery" vorgestellt und versucht sich sogar im Versandhandel mit einer eigenen Mini-Kollektion für Quelle.

Der *International Herald Tribune* zufolge geht es Arnault hingegen darum, alle Tätigkeiten der von ihm engagierten Designer unter einem Dach zu vereinen (8.10.1996). Inzwischen gehört ihm ein großer Teil von Gallianos eigener Marke. Und auch bei den Häusern zweier weiterer junger LVMH-Hoffnungsträger, dem für Louis Vuitton engagierten Marc Jacobs und dem Céline-Designer Michael Kors, hat er sich jeweils mit einem Drittel eingekauft (*Women's Wear Daily*, 8.3.1999). Der Designer wird damit ganz und gar Teil des Systems, er wird schließlich Element der Marke selbst, das es mitzuverkaufen gilt. Nicht wie Saint Laurent oder Versace, die die Geschicke ihrer eigenen Modehäuser selbst bestimm(t)en und die eigene Person wie Künstler zu ihrer originellsten Kreation machten, zum Popstar-Designer. Die heutigen Modemacher gleichen eher einem von Andy Warhols „Superstars" wie Nico, Ingrid Superstar oder Viva. Trotz des klangvollen Titels waren diese reine Produkte der Factory, Geschöpfe Andy Warhols. Auch in diesem Sinne erwies sich die Factory als wirkliche „Fabrik" – sie produzierte menschliche Kunstwerke am Stück. Viva oder Ingrid Superstar waren selbst Popart; John Galliano oder Alexander McQueen werden in diesem Sinne zur „Pope"-Art von Modepapst Arnault. Viele sehen ihre Anstellung bei LVMH als genialen Mediencoup an. Der Rummel, der um sie entfacht wurde, kommt letztlich den vielen Lizenzprodukten der Häuser – all den Taschen, Gürteln, Parfums und Kosmetika – zugute. Die Kleider stellen nur mehr die Staffage dar – sie schmücken die Markenwelt der Häuser, während der Designer zum schillernden Ausweis des Hauses, nicht mehr zu dessen oberstem Funktionsträger, wird.

Sah Walter Benjamin die Massenreproduzierbarkeit des Kunstwerks als Grund für den Verlust seiner Aura an und beschrieb Literaten, die sich über das neu entstandene Massenmedium Feuilleton „verkaufen" mußten, als eine Art Prostituierte, so müßte auch die Ausbreitung der medialen Welt, Phänomene wie MTV oder CNN, zu einer Veränderung des Status eines Künstlers führen. Dies gilt für den Modemacher natürlich in noch größerem Maße. Wenn der Zuschauer von einem Kanal zum andern zappen kann, von der Modenschau auf CNN zur Reportage übers Hühnerschlachten in der ARD, muß der Warenproduzent ein möglichst eindringliches

Statement seiner Produkte abgeben. Und was wäre in der Mode werbewirksamer als ein junger, wilder Designer?

Inzwischen haben noch andere Modehäuser nachgezogen und aufsehenerregende Designer eingestellt: Die Schauen von Stella McCartney für das Modehaus Chloé machen weniger durch die hübsch-romantischen Entwürfe der St. Martins-Absolventin von sich reden als vielmehr durch die illustre Show-Prominenz, die ihnen beiwohnt, allen voran Stellas Vater Paul McCartney. Das lange Zeit geschlossene Couture-Haus Balenciaga versuchte ein Comeback mit der Einstellung des jungen talentierten Josephus Melchior Thimister; inzwischen soll dieser das italienische Haus Genny auffrischen. Bei Cerruti machte Narciso Rodriguez, berühmt durch das von ihm entworfene Hochzeitskleid für Carolyn Bessette-Kennedy, Station, inzwischen arbeitet er für den spanischen Luxuslederwarenhersteller Loewe. Und ist damit ein weiteres Schäfchen in der Herde von Bernard Arnault, der 1996 auch Loewe gekauft hat.

Der für die neue Modekollektion des Taschenmachers Louis Vuitton angeheuerte US-Designer Marc Jacobs, auch er hochtalentiert, gilt als eine Art „Everybody's Darling" der Fashion-Szene. Wie im Fall Jacobs verkörpert der Modemacher selbst oft am besten den Stil, den sein neuer Arbeitgeber verkaufen will. Jacobs etwa übermittelt nicht nur mit seinen Entwürfen, sondern auch mit seiner Person die Botschaft: „Ich bin modern und luxuriös, raffiniert und dennoch einfach und lebe am liebsten in New York." Auch Martin Margiela, der neue Designer von Hermès, sendet solch eine Botschaft – hier heißt sie jedoch: „Ich bin exklusiv, individuell, habe Klasse und Geschmack und es eigentlich nicht nötig, den ganzen Markenkult mitzumachen." Margiela, der sich nie photographieren läßt, gilt deswegen als „gesichtsloser Designer". Er dekonstruierte nicht nur die Mode, indem er etwa die Nähte nach außen drehte, er entlarvte auch den Markenkult, indem er ostentativ bei seiner eigenen Kollektion Schilder ohne Namen in die Teile nähte. Seine komplexen Schnitte, seine raffinierten Entwürfe sollten für sich selbst stehen. Doch entstand gerade deswegen ein neuer Kult um den Designer, der inzwischen auf Hermès abstrahlt. Hier werden ganz im Sinne von Margiela die Schauen leise und unspektakulär inszeniert. Man wagte es sogar, in jeder Saison in demselben Ambiente zu defilieren. Damit wird der Kult inszeniert und gleichzeitig rigoros in Frage gestellt – zeugt er schließlich vor allem von einem: der Ohnmacht der Designer zur Jahrtausendwende.

3. Interview mit Karl Lagerfeld

Von Stefanie Schütte

Karl Lagerfeld muß sich wenig um die Ohnmacht der Designer zur Jahrtausendwende scheren. Die Modewelt feiert ihn als „Kaiser Karl" – er gilt als Ausnahmeerscheinung. Der in Hamburg geborene Sohn einer Industriellen-Familie gewann 1954 den ersten Preis des Internationalen Wollsekretariats für den Entwurf eines Mantelmodells – Ausgangspunkt einer beachtlichen Karriere. Der Marke Chloé verhalf er zu Weltruhm, und das italienische Haus Fendi machte er zum international führenden Namen in der Pelzmode. Als sein Meisterstück gilt jedoch die Rundum-Erneuerung von Chanel, wo er 1983 die künstlerische Leitung übernahm. Prompt erwachte das seit Coco Chanels Tod 1971 in einer Art modischem Winterschlaf befindliche Haus zu neuem Leben: Lagerfelds spielerische Variationen des Chanel-Stils, die provokant oder nostalgisch, artifiziell oder bodenständig daherkommen können, gelten bis heute als trendsetzend.

SCHÜTTE: Sie haben inzwischen die 60 überschritten. Wie fühlen Sie sich dabei: Blicken Sie befriedigt auf Ihr bisheriges Lebenswerk zurück, oder heißt es eher weiter „zu neuen Ufern"?

LAGERFELD: Weiter zu neuen Ufern. Mein Vater war fast so alt wie ich heute, als ich geboren wurde. Jegliche Vergangenheit spielt keine Rolle, und in meiner Karriere als beruflicher Photograph komme ich mir sowieso wie ein Anfänger vor. Mademoiselle Chanel hat mit 71 Jahren erst wieder angefangen, dann ihre größten Erfolge gehabt und ist Ende 80 mitten bei der Arbeit gestorben. Das wünsche ich mir auch. Ruhestand ist etwas für Leute, die anstrengende, körperliche Arbeit leisten mußten oder sowieso faul waren. Jung war ich mit anderen Dingen beschäftigt, um zu arbeiten, dafür hat man ja die reiferen Jahre.

Karl Lagerfeld: Selbstportrait von 1999.

SCHÜTTE: Sollten Sie irgendwann dann doch mal etwas kürzer treten wollen – haben Sie das Gefühl, auf einem üppigen finanziellen Polster ausruhen zu dürfen?

LAGERFELD: Die Idee ist ja allein schon zum Einschlafen, und jedes Polster ist eine Standpunktfrage. Man ist ja immer der Arme von jemand Reichem. Im Moment bekämpfe ich andere Polster, damit sie mich nicht zum Ruhestand zwingen.

SCHÜTTE: Ihr Vertrag mit Chanel ist gerade um sechs Jahre verlängert worden. Was nehmen Sie sich speziell hierfür in nächster Zeit vor?

LAGERFELD: Chanel dem Beginn des neuen Jahrtausends anzupassen. Hausputz und neue Gardinen.

SCHÜTTE: Um noch einmal auf das leidige Thema Alter zurückzukommen. Trends (wenn es sie denn heute wirklich noch gibt) kommen ja eher aus der jungen Szene. Es war immer eine Ihrer besonderen Stärken, mit Chanel Trends zu setzen. Dennoch: Haben Sie nicht Angst, den Anschluß zu verlieren?

LAGERFELD: Ich habe nicht soviel Angst wie die jungen Leute. Es genügt, jegliche Vorurteile aufzugeben, und technische Erfahrung gibt einen Vorteil, der zum Schluß wahrscheinlich all diesen „jungen Talenten" auf die Dauer fehlt. Ich bin so eingebildet zu glauben, daß meine beste und einflußreichste Kollektion noch vor mir liegt. Auch auf mein bestes Photo warte ich noch.

SCHÜTTE: Muß ein Designer heute so viel von Marketing wie von Mode verstehen? Der Erfolg von Ihnen bei Chanel, von Gucci, aber auch der amerikanischer Marken legt dies nahe.

LAGERFELD: Chanel und Fendi haben tolle Marketing-Leute. Chanel sind die einzigen, die in Frankreich verstanden haben, wie wichtig das ist. In Amerika und Italien ist das heute sowieso selbstverständlich. Persönlich mache ich nur instinktives Marketing, das scheint aber auch zu klappen.

SCHÜTTE: Sie zitieren immer wieder gerne die Zeit zwischen den Weltkriegen, und manchmal hat man den Eindruck, Sie sprächen von einem Goldenen Zeitalter. In die Geschichte sind aber nicht nur Cocteau, Louise Brooks oder Gertrude Stein eingegangen, sondern auch Rezession und politische Unruhen. Warum blicken Sie stets auf das Licht, nicht auf den Schatten?

LAGERFELD: Weil der Schatten im dunkeln liegt, und von dem, was ich nicht gekannt habe, interessiert mich nur die Lichtseite. Das gleiche ist leider auch gültig für die Gegenwart, wo mein Beruf daraus besteht, alles zu idealisieren.

SCHÜTTE: Wie klappt die Zusammenarbeit mit Amanda Harlech? (Amanda Harlech, vormals „Muse" von John Galliano, berät Lagerfeld bei Chanel.)

Model Devon Aoki in einem Kleid aus der „CHANEL-BOUTIQUE"-Kollektion für Frühjahr/Sommer 1999.

LAGERFELD: Sie klappt. Sie ist eine perfekte Gesprächspartnerin mit gleicher Wellenlänge. Ich brauche moderne, intelligente Frauen als Gesprächspartner – ich ziehe ja die Kleider, die ich entwerfe, selber nicht an.

SCHÜTTE: Sie gelten als Königinnenmacher der Models. Allerdings, die Zusammenarbeit mit Ihren früheren Chanel-Botschafterinnen

Inès de la Fressange und Claudia Schiffer endete jeweils in öffentlichen Auseinandersetzungen. Müssen Sie sich fast gewaltsam von den selbstgekürten Musen wieder losreißen?

LAGERFELD: Nein, da kümmern sich die Medien drum. In Wirklichkeit war das viel harmloser. Zeitungsleser wären enttäuscht von der Banalität der Umstände. Skandal verkauft sich besser. Wir haben alle bestens unsere Karrieren weitergeführt und haben nicht das geringste persönliche Problem miteinander.

SCHÜTTE: Die letzte Frage umfaßt alle vorherigen: Herr Lagerfeld, wohin geht die Mode?

LAGERFELD: Die Mode geht mit dem Zeitgeist, und sie versucht, ihn so gut wie möglich alle sechs Monate in Kollektionen von Tokio über Mailand, Paris, London bis nach New York auszudrücken. Der ewig sich wendende Grund dieses Danaidenfasses ist nun einmal die Mode. Technische Errungenschaften in Bezug auf die Materialien sind da natürlich der wichtigste Faktor.

Accessoire: „Der Stöckelschuh“

Von Matthias Politycki

Erotiker bevorzugen bekanntlich das Konvexe, Ästhetiker dagegen das Konkave: Für sie beginnt die Fremdheit des Weiblichen in der – von hinten betrachteten – Fessel, in der verhängnisvollen Partie zwischen Ferse und halber Wadenhöhe; sie endet nach oben hin: in einem Versprechen, das demjenigen des Augustiner-Weißbierglases nahekommt, nach unten hin: im Hacken des Stöckelschuhs, dessen idealtypischer Absatz den Verlauf der Achillessehne infamerweise auch noch spiegelt.

Die Inszenierung der ästhetischen Schlüsselstelle findet jenseits aller halbjährlich wechselnden Moden statt; sie ist schwarz, spitz und frei von Mätzchen – immer mal wieder erschreckend gut begriffen von Gucci, Stuart Weitzman oder Stephane Kélian: als Wiedergutmachung all dessen, womit sich ein Prada-Schuh am männlichen Blick versündigt. Die Vorzeigeprodukte der Gucci-Fraktion sind für den Ästhetiker indessen kein Grund zur reinen Freude; wo sonst wären weibliche Macht und männliche Ohnmacht so auf den Punkt gebracht wie im Absatz eines Stöckelschuhs?

Doch die Wege, die auf, in und mit ihm beschritten werden müssen, sind lang und zahlreich die Fehler, die dabei begangen werden: Fehler bei der Auswahl des Schuhs (zu hoch, zu hübsch, zu heiß, zu halbherzig), Fehler vor allem beim Tragen desselben. Schon das Gequengel über seine mangelnde Bequemlichkeit indiziert ein tragisches Mißverständnis; das kurze belüftende Herausziehen des Fußes und womöglich schamlose Präsentieren einer verstärkten Strumpfhosenspitze weiß sogar Warmbiertrinker zu verschrecken. Fatal freilich die falsche (arschschwenkende) Art, darin zu gehen; fatal, sich seiner im Beisein irgendeines Betrachters zu entledigen: Einen Stöckelschuh zieht man niemals aus, im Vergleich zu seiner auratisierten Künstlichkeit müßte sich ja selbst der schönste Fuß als bloßes Füllmaterial zu erkennen geben, als menschlich-allzumenschliches Naturprodukt.

In 99 von 100 Fällen wird der Ästhetiker demnach den erlösenden Frustrationsschock erleiden und befreit wegsehen; dieser eine aber, der hundertste Fall reicht leider noch immer völlig aus, um ihn lebenslänglich in einem Abhängigkeitsverhältnis zu halten: Das Schöne ist des Schrecklichen Anfang – und der Stöckelschuh dessen willfährigster Gehülfe. Sein öffentliches Zurschaustellen ist nichts weniger als Gewaltausübung und sollte durch umgehende Beschenkung mit modisch aufgepeppten Marken-Badelatschen geahndet werden: Erst das interesselose Unwohlsein, das sich angesichts jener zwei weißen Tiefseefische einstellt, wie sie in obszöner Offenherzigkeit aus einer Christian Dior-Latsche herausschielen, erst die große Gleichgültigkeit gegenüber dem, was unter anderen Umständen der Anfang alles Weiblichen wäre, verbürgt die Emanzipation des Mannes. Womit wir das Tragen von Badelatschen nicht mehr nur als Selbstverstümmelungsversuch von Fashion Victims begreifen müssen, sondern als das, was es im tiefsten Sinne ist: gelebter Humanismus.

II

MODE ALS MARKEN-ZEICHEN DER KULTUR

1. Die Marke als Lifestyle-Entwurf

Von Stefanie Schütte

Gucci-Manie

Was „einen Tom Ford machen" heißt, wird wohl in spätestens zehn Jahren niemand mehr verstehen. Für die Modeleute der späten 90er ist es jedoch eine Art Zauberformel: Man fragt mit ihr danach, ob Bernard Arnault es schafft, mit dem neuen Designer Marc Jacobs bei Louis Vuitton „einen Tom Ford zu machen", Loewe mit dem jungen Narciso Rodriguez oder Lanvin mit der von Prada kommenden Cristina Ortiz. Auch die amerikanische Designerin Maggie Norris, die rund 14 Jahre lang erfolgreich für Ralph Lauren Kollektionen entworfen hat, fühlt sich bei der Rundumerneuerung der etwas altbacken wirkenden deutschen Marke Mondi ganz wie „der weibliche Tom Ford" (*TextilWirtschaft,* 5.2.1998). „Einen Tom Ford zu machen", das heißt, mit Hilfe eines cleveren Design-Strategen (wie eben dem Amerikaner Tom Ford bei Gucci) ein Markenimage aufzubauen, das eine Art Fieber beim Publikum auslöst – ein glühendes Verlangen nach einem Teil aus der Kollektion, einem Gürtelchen etwa, einem Paar lederner Slipper oder vielleicht auch nur einem winzigen Schlüsselanhänger. Wird diese Sehn-Sucht nicht erfüllt, dann erschauert es den derart vom Markenwahn Befallenen: Er fröstelt bei der Vorstellung, altmodisch zu wirken, bieder, häßlich, einfach unmodern – und das ist so ziemlich das Schlimmste, was einem veritablen Fashion Victim im Leben passieren kann.

Auch der „Hugo-Mann" ist so ein Begriff, der irgendwann im großen Schlund des Vergessens verschwinden wird, ebenso wie der Name des Models, das diesen Typ wohl am perfektesten verkörperte: der Österreicher Werner Schreyer. In den „Hugo"-Kampagnen wirkt er schmal, sexy und etwas sperrig, mit Pullovern und Anzügen, die immer eine Nummer zu klein sind, ungeschminkt und mit strähnigem Haar, cool, schön, einfach modern. Auch die Marke „Hugo" hat Kultcharakter. Sie hängt in den angesagten Läden, wird von Models und jungen deutschen Schauspielern getragen und hat mit der Erschaffung der „Hugo"-Frauenlinie jetzt sogar noch ein Potential bekommen, auch die weibliche Kundschaft zu bedienen.

Auf ein Wiedererstehen des nach Ende der 80er Jahre totgesagten Markenkults hätte wohl kaum eine Modefirma mehr zu hoffen gewagt. Mit den italienischen Häusern Prada und Gucci wie auch – in einem begrenzteren Kreis – dem von der deutschen Firma Hugo Boss kreierten Label „Hugo" ist er seit ein paar Jahren aber wieder da – zwar ohne die Prunksucht der 80er und doch so massiv wie noch nie. Selbst wenn die Gucci-Mania inzwischen ihren Zenit überschritten hat, ist vor den Läden oft noch Schlangestehen angesagt. Begehrte Kleidungsstücke sind in Windeseile ausverkauft. Bei den Modejournalisten etwa gilt nach wie vor die Devise: Mindestens ein Teil von Prada oder Gucci sollte man irgendwo am Körper tragen. Der Einheitslook, der zwangsläufig entsteht (zur Zeit für Frauen: unten ausgestellte Hose oder knielanger Rock, kleine Riemchen-Stilettos, Pantöffelchen oder Sneakers, schmaler Mantel, große Tasche), scheint niemanden zu irritieren. Im Gegenteil: Auch hier festigt der so entstandene Dresscode das Zusammengehörigkeitsgefühl. Die Dialektik von In- und Outsidern konstituiert jede Gruppe, warum sollte auch eine Crew vermeintlicher Individualisten da eine Ausnahme machen?

Und hier genau liegt der Schlüssel zum Erfolg eines Designers wie Tom Ford: Es ist ihm gelungen, ein Bild zu erschaffen, mit dem eine große und dennoch scharf abgegrenzte Gruppe sich identifizieren möchte. Der Tanz um dieses neue Goldene Kalb dient dem Markengläubigen zur Selbstvergewisserung. Ein derart stimmiges, den gesamten Lebensentwurf eines Menschen bestimmendes Bild nennt man „Lifestyle-Konzept". Und das ist auch so ein zur Zeit in der Modeszene kursierendes Zauberwort, das jedoch wohl ein weit längeres Haltbarkeitsdatum haben wird als „einen Tom Ford machen" oder „der Hugo-Mann".

Schon einmal, in den 60er und 70er Jahren, gab es eine weltweite Gucci-Manie; am Ende der 80er war jeglicher Glanz des 1923 gegründeten Florentiner Luxus-Täschners dahin. Das einstige Lieblingslabel der oberen Zehntausend fiel statt dessen durch Negativ-Schlagzeilen auf: Die Nachkommen des Firmengründers Guccio Gucci stritten sich um Erbe und Zukunft des Hauses. Enkel Maurizio, der die Leitung der Firma übernommen hatte, risikierte die Verramschung der einstigen Edelmarke. 1987 steckte die Firma in einer finanziellen Sackgasse – zwei Jahre später übernahm die Gesellschaft Investcorp, eine von einer Gruppe arabischer Geschäftsleute kontrollierte Londoner Investmentbank, die Hälfte der Anteile. Maurizio trat 1993 schließlich vollends die Flucht nach vorn an und verkaufte auch seine Firmenanteile, die restlichen 50%, an Investcorp. Die besaßen jetzt nicht nur das gesamte Unternehmen, sondern verfügten mit der 1989 noch von Maurizio eingestellten Kreativdirektorin Dawn Mello über eine echte Trumpfkarte. Mello, ehemals Chefeinkäuferin des Luxuskaufhauses Bergdorf-Goodman, engagierte für Gucci den jungen Tom Ford. Der neue Designer war eigentlich ein studierter Innenarchitekt, allerdings einer mit hohem Glamour-Faktor (vielleicht wegen seines früheren Nebenjobs als Werbemodel für Schokoriegel und Clearasil). Wahrscheinlich rührt sein geradezu mythischer Erfolg bei Gucci gerade daher, daß er kein klassischer Modemacher ist, sondern viel von Zeitgeist und PR versteht. Ford fiel nicht durch sensationell neue Kleiderkreationen auf. Sein Meisterstück bestand vielmehr in der Erfindung des perfekten Gesamt-Looks: Zusammen mit Dawn Mello machte er sich an eine moderne Neuinterpretation des Gucci-Images, Klassiker des Hauses wie die berühmten Slipper mit Trensenspange wurden in einer neuen witzig-provokanten Optik aufgelegt. Ford, der seit Mellos Rückkehr (diesmal als Präsidentin) zu Bergdorf-Goodman als Kreativchef das Image aller Produktlinien sowie Werbekampagnen und Ladengestaltung verantwortet, entwarf für diese Bereiche ein bis ins Detail stimmiges Bild. Seine sensationelle Winterkollektion 1995 / 96 nahm sich die 60er und 70er Jahre zum Vorbild: Die Models trugen halboffene Stretchblusen, scharfe Hüfthosen und lässige Mohairmäntel, ihre Haare waren üppig und durchwühlt, während die mit dickem Lidstrich umrahmten Augen im Gesicht wie Kohlen wirkten. Das Ganze brachte mit einem kräftigen Hauch von Sex-Appeal das Lebensgefühl des früheren Jet-Sets zum Ausdruck – Lust am lässigen Luxus, nach der es die Möchtegern-Schönen und -Reichen von heute geradezu dürstet.

Dieses Gefühl fanden sie überall bei Gucci wieder, in hochmodernen Werbekampagnen, unglaublich schicken Läden und jedem neuen Gucci-Produkt. Kleider, Taschen, Schuhe, Gürtel, Parfums bis hin zum Halsband für den Pudel – alles atmete die gleiche Mischung aus Noblesse und Lässigkeit, die Ford als richtungsweisenden Lifestyle der Schickeria anbot.

Der erfolgreiche Börsengang 1995 und die kluge Produktpolitik des Vorstandsvorsitzenden Domenico de Sole taten ihr übriges: Die

Sex, Glamour und unnachahmliche Lässigkeit. Mode von Gucci für Frühjahr/Sommer 1999.

Firma konnte auf enorme Umsatzsteigerungen verweisen. Der einzige Haken bei diesem cleveren Markencoup könnte darin liegen, daß er zu gut funktioniert hat: Gucci war und ist so hip, daß nach dem Gesetz der Avantgarde ein tiefer Fall vorprogrammiert sein müßte – wer sich in die Mitte des „In" begibt, findet sich bald im „Out" wieder. Andererseits hat es beispielsweise Miuccia Prada geschafft, nach einer heißen „In"-Phase ihr Haus sicher und dauerhaft zu etablieren. Im Juni 1998 erwarb Prada 9,5% der Gucci-Anteile – eine feindliche Übernahme fand jedoch nicht statt. Gucci bleibt also weiterhin heiß begehrt: Anfang 1999 hat der französische Luxuskonzern LVMH sich mit 34,4% (darunter auch die zunächst von Prada erworbenen Aktien) an dem italienischen Modehaus beteiligt. Und muß sich jetzt vor Gericht mit dem Handelskonzern Pinault-Printemps-Redoute (PPR), der ebenfalls kürzlich bei Gucci eingestiegen ist, vor Gericht streiten. Nach zwei Kapitalerhöhungen hält PPR etwas mehr als 40% an dem umkämpften Modehaus, LVMH dagegen nur noch 20%.

Maurizio Gucci allerdings hat von der Neuauflage der Gucci-Legende nur wenig mitbekommen: Kurz nach Tom Fords Schauen-Coup wurde er am 27. März 1995 in Mailand auf der Straße erschossen. Seine Witwe Patrizia Reggiani wurde im November 1998 als Auftraggeberin des Mordes verurteilt. Der Prozeß wühlte ganz Italien auf, Guccis schöner neuer Lifestyle-Welt tat es allerdings keinen Abbruch.

Peter Littmann oder „Wie baut man Markenwelten"

Nicht nur von einem Lifestyle-Konzept, nein, von einem ganzen Lifestyle-Konzern redet Professor Peter Littmann, wenn es um seine Pläne als Vorstandsvorsitzender der Hamburger Wünsche AG geht – ihr gehören seit Februar 1998 95% der Designermarke Joop! Das Label mit seinen diversen Lizenzen für Mode, Brillen, Kosmetik oder Schuhe gilt bei Modeinsidern zwar als umsatzträchtige „Milchkuh", doch nicht gerade als Leittier der Zukunft.

Wolfgang Joops goldene Designerjahre scheinen passé, bis auf die schillernde Person des zweifellos talentierten Mode- und Medienstars gibt es keinen rechten gemeinsamen Nenner für die Marke. Genau den will Littmann finden und probt dabei den Angriff nach vorn. Aus Joops gebrochenem, unstetem, aber gleichzeitig charismatischem Image zimmert er seine Markenphilosophie zusammen,

Lizenzen
Schon nach dem Zweiten Weltkrieg begannen Modehäuser damit, Lizenzen zu vergeben. Heute erzielen viele Luxusfirmen mit Lizenzverträgen den Löwenanteil ihres Einkommens. Der Lizenzgeber, meist ein Unternehmen mit einer bekannten Edelmarke, räumt dem Lizenznehmer, meist einer auf dem jeweiligen Sektor (z. B. Taschen) spezialisierten Firma, das Recht ein, Produkte unter seinem Markennamen herzustellen und zu vertreiben. Dafür erhält der Lizenzgeber eine bestimmte Summe sowie (häufig) Prozente vom Verkaufserlös. Meist behält er sich vor, auf Design und Marketing starken Einfluß zu nehmen. Sein Vorteil: Er hat ohne Produktionskosten eine lukrative Einnahmequelle. Schwierig wird es jedoch, wenn der Lizenznehmer Qualitätsstandards nicht beachtet oder die Produkte gar in Billigläden verkauft. Dann riskiert der Lizenzgeber seinen guten Namen. Einige Traditionshäuser wie Chanel oder Hermès vergeben keine Lizenzen und haben auf diese Art eine umfassende Kontrolle über all ihre Produkte.

Joop! blickt in die Zukunft. Werbekampagne für Frühjahr/Sommer 1999.

wobei das Bild, an dem er arbeitet, gleichsam „gegen den Strich“ gepinselt ist. Die Werbekampagnen, allen voran die mit Modeprinzessin Claudia Schiffer als ungewohnt sprödem Akademikertyp, vermitteln Spannung, Ambivalenz und einen Haufen Fragezeichen: ein Lifestyle-Konzept des Bruchs und des Zweifels – erdacht von einem in postmoderner Theorie bewanderten Manager. Zwangsläufig muß sich solch ein modisches Abbild des Dekonstruktivismus an eine intellektuelle Avantgarde richten, obwohl dies bisher nicht gerade die Kunden von Joop! waren. Die Intelligentsia demonstriert eher ein leicht gelangweiltes Desinteresse, wenn es um Modemarken geht, um sich dann klammheimlich bei Helmut Lang, Martin Margiela und anderen Gralshütern der Armutsästhetik auszustatten. Joop! dagegen gilt als viel zu offensichtlich statusbewußt, erotisch oder gar protzig. Was Littmann vorhat, erscheint als fast unlösbare Aufgabe, trotzdem glaubt man in der Branche, daß er es schaffen kann. Wenn man – wie eine in Frankreich und Deutschland erscheinende Buchreihe – einige Designer dieses Jahrhunderts als „Magier der Mode“ bezeichnen kann, dann ist Peter Littmann ein „Magier der Marke“.

Zwischen 1993 und 1997 leitete Littmann als Vorstandsvorsitzender das Metzinger Unternehmen Hugo Boss – unter seiner Führung wurde das Drei-Marken-Konzept durchgesetzt, ein revolutionärer Coup, der in der Textilbranche Schule machte. Als Littmann antrat, war Hugo Boss zwar ein gutgehendes Unternehmen, hatte jedoch seine frühere modische Ausstrahlung verloren. Der Ruf der Solidität, der dieser Lieblingsmarke des mittleren Managements anhaftete, drohte in den der Langweiligkeit abzurutschen. Littmann eröffnete dem Herrenbekleider mit der Vision „The World of Hugo Boss" wieder eine Zukunft: Fortan gab es die Edelmarke „Baldessarini" mit feinsten Stoffen und klassischen Schnitten, die Kernmarke „Boss" mit korrekten, doch modernen Outfits sowie „Hugo" als Avantgarde-Marke junger Rebellen, die keine Lust hatten, wie ihre Eltern in Jeans zu gehen. Für alle drei wurden stimmige „Markenwelten" entwickelt: Werbekampagnen, Lizenzprodukte, Läden wie auch Messeauftritte und Sponsoring-Aktivitäten (besondere Beachtung fand die Zusammenarbeit mit dem Guggenheim-Museum) erschienen perfekt aufeinander abgestimmt. Entsprechend inszenierte Richard Avedon in einer richtungsweisenden Boss-Kampagne die Models als smarte Großstadttypen, während Jürgen Tellers Aufnahmen für „Hugo" herb und brüchig wirkten. Die gleiche Aura verbreitet der Flacon des ersten „Hugo"-Duftes in Form einer simplen Feldflasche, während der „Boss"-Flacon – ein Miniaturgebäude des Stararchitekten Richard Meier – Urbanität vermittelt. Littmanns Markenwelten verhalfen der Hugo Boss AG nicht nur zu beachtlichen Umsatz- und Ertragssteigerungen (in dem für die deutsche Wirtschaft schwierigen Jahr 1995 beispielsweise stieg das Konzernergebnis um 10,7% auf 58 Millionen Mark), sie eröffneten dem schwäbischen Unternehmen auch eine langfristige Perspektive im internationalen Wettbewerb. Zudem erlaubten sie eine enorme Ausdehnung des Lizenzgeschäftes: Der „Hugo-Junge" braucht schließlich die passenden Schuhe wie auch die nötige Brille, und der „Boss-Geschäftsmann" fühlt sich ohne Uhr genauso nackt wie ohne Unterhose.

„Die Menschen wollen ein Teil unseres Lifestyles sein"

Die Idee der „Markenwelten" glich einem kleinen Geniestreich, ganz neu war sie jedoch nicht. Im Grunde setzte man bei Hugo Boss geschickt die Konzepte um, die amerikanischen Top-Designermarken zu ihrem internationalen Erfolg verhalfen. Ob Calvin Klein, Donna Karan, Ralph Lauren oder – in jüngerer Zeit – Tommy Hilfiger: Hinter all diesen Labels stecken hervorragend funktionierende Marketing-Maschinen.

„Die Menschen wollen ein Teil unseres Lifestyles sein", pflegt etwa Tommy Hilfiger zu sagen. Seine Markenwelt ist ganz und gar um den Mythos des amerikanischen Traums, des kraftstrotzenden Gutmenschen, herum aufgebaut. Unter seinem Logo in den Farben des Sternenbanners verkauft er neben sportlichen Basisteilen in leuchtenden Tönen Brillen, Socken, Gürtel, Stoffe, Parfums, Kinderkleidung bis hin zu Maßanzügen. „Jung, energiegeladen, freundlich, gesund" lautet die Botschaft, die die Hilfiger-Werbekampagnen vermitteln.

Die Kunden seines Kollegen Ralph Lauren mögen sich dagegen ganz wie moderne Versionen englischer Landadliger vorkommen. Passend zu diesem Stil finden sie sogar kostbare Stoffe, Geschirr und exquisite Möbel bis hin zur Wandfarbe bei ihrer Leib- und Magenmarke. Donna Karan hat sich das Image der lässigen New Yorker Businessfrau auf ihre Fahnen geschrieben – sie verkauft ihrer fitnessbewußten Kundin sogar Mineralwasser. Bei der Kreation einer Markenwelt kommt es eben nicht so sehr auf die Unverwechselbarkeit des Kleidungsstücks als vielmehr auf die Stimmigkeit des „Gesamtkunstwerks" an. Alle Produkte vermitteln eine eingängige, griffige Botschaft, die gleichzeitig verschiedene Deutungen zulassen muß, um einer größeren Gruppe von Menschen als Projektionsfläche dienen zu können.

Neben aufsehenerregenden Werbekampagnen nehmen repräsentative Läden eine besondere Bedeutung für die gelungene Vermittlung des Markenimages ein. Hier manifestiert sich das Gesamtkunstwerk „Lifestyle-Konzept" in allen seinen Facetten – das Geschäft gleicht einer Art Visitenkarte des Labels. Mit dem Betreten wird der Kunde Teil der Markenwelt. In Armanis neuem „Emporio"-Laden im Pariser Intellektuellenviertel Saint Germain etwa findet dieser nicht nur den zeitgemäßen, leicht unterkühlten Chic, er kann sich in der CD-Ecke sogar mit der passenden Musik versorgen oder im hauseigenen Café ein Stück Mailänder Eßkultur genießen. In Deutschland fallen in ähnlicher Weise die Läden der Modekette Ipuri auf – hier huldigt alles edler Einfachheit: die puristischen Klamotten, die Bade- und Kosmetikprodukte aus natürlichen Ingredienzen, die italienische Espresso-Bar mit kleinen kulinarischen Köstlichkeiten, ja sogar die Hauspostille *Pur,* ein recht anspruchsvoll gemachtes Magazin über Mode und Kultur.

Mit jedem Teil, das in so einem Laden erworben wird, kauft sich der Kunde ein Stück der Markenwelt und setzt sich mit Hilfe dieser Accessoires – gleich einem Mosaik – ein Bild der eigenen Identität zusammen. Dies erklärt auch das seltsame Wiederauftauchen des Label-Wahns in den ausgehenden 90er Jahren. Allerdings: Im Gegensatz zum Markenbewußtsein der 80er Jahre geht es nicht mehr um ein Sich-Zur-Schau-Stellen der Außenwelt gegenüber. In Modekreisen spricht man schon seit einiger Zeit vom Phänomen der sogenannten Szenen, in sich geschlossene Mikrokosmen innerhalb der Gesellschaft mit einem bestimmten Lebensstil. Es wird die gleiche Musik gehört, dieselben Läden werden aufgesucht und natürlich derselbe Kleidungsstil gepflegt. Für jede Szene gilt ein jeweils anderer Code. Ulf Poschardt hat in seinem Buch „Anpassen" darauf hingewiesen, daß diese Codes – in Form bestimmter Kleidungsstücke etwa – nicht mehr die Funktion haben, sich gegenüber Außenstehenden abzugrenzen. Sie dienen vielmehr dem gegenseitigen Erkennen der Insider. Die Mode, so kann man folgern, ist damit ein Stück narzißtischer, ja autistischer geworden. Markenwelten dienen den Modeszenen gleichsam als Idealbilder, die ihnen die Schwierigkeit abnehmen, einen eigenen Code zu entwickeln. Dabei wird der Narzißmus auf die Spitze getrieben – denn selbst die Funktion der Identifizierbarkeit des einzelnen als Mitglied einer bestimmten Szene wird in den Hintergrund gedrängt: Das Lifestyle-Konzept dient (derart perfektioniert) inzwischen in erster Linie als Mittel der Ich-Findung. Nicht mehr der andere soll mich orten, ich erkenne mich via Marke gleichsam selbst. In der Schwierigkeit, sich in einer immer unübersichtlicher werdenden Welt eine halbwegs stimmige Selbstdefinition aufzubauen, liegt die große Chance der Markenwelt. Sie liefert im Scherbenhaufen postmoderner Lebensentwürfe ein überschaubares, funktionierendes Modell von Identität und bietet damit dem Kunden einen schön polierten Ordnungszusammenhang. Hierin liegt ihre unheimliche Faszination – der Erfolg heutiger Markenkonzepte liegt in dem banalen Satz: „Ich kaufe hier, also bin ich."

2. Aus alt mach neu: die Marken wechseln, die Formen bleiben

Von Alfons Kaiser

Wer Mode sieht, glaubt, Revolutionen zu sehen. Schlägt man nach den großen Schauen im Frühjahr und Herbst die Zeitungen und Fachzeitschriften auf, schaut man in die Magazine und auf die großformatigen Anzeigen der Modeunternehmen, unterhält man sich mit Modejournalisten und Öffentlichkeitsarbeitern, erfährt man, daß sich in der Mode wieder einmal alles verändert hat. Nichts liebt die erlebnishungrige Modewelt mehr als die utopische Gewißheit, am Ende eines Tages werde wirklich ein neuer Tag anbrechen und nicht wieder ein Tag wie der alte. Daher rührt die Liebe zu Attributen wie „revolutionär", „umwerfend", „anders", „rebellisch", „jung". Reduziert man auf den semantischen Kern, was lexikalisch in breiter Variation gestreut wird, bleibt eines in der Modewelt mit Sicherheit beim alten: daß alles neu sei.

Dabei ist nicht neu, daß alles alt ist. Jeder, der auch nur die Hälfte der 100 Modenschauen der Prêt-à-Porter-Saison in Paris erlebt hat, der in Mailand, London oder New York die Defilees gesehen hat, kennt das flaue Gefühl, die vage Ahnung, die wachsende Befürchtung und die niederschmetternde Einsicht, daß alles, was man gesehen hat, all das Neue, Revolutionäre, Umwerfende, Andere, Rebellische und Junge, irgendwie bekannt und dazu noch gleich aussieht. Wo waren wir noch gleich gewesen? Bei Louis Vuitton? Nein, bei Hermès. Ich dachte, das war Kenzo! Aber die Schau ist doch erst heute abend. Ach so. Na dann. Nun gut.

Bei den Männern sieht man am besten, daß das Alte allzuoft nur notdürftig als Neues verkleidet ist. Nehmen wir die Mode, die zur Jahrtausendwende getragen wird, und schweigen wir von jenem Industriedesign, das nicht Mode produziert, sondern uniforme Massenware für den breiten Markt. Wenden wir uns also dem oberen Bereich zu, der vorgibt, die Trends vorzugeben. Was da als erregende Neuheit gefeiert wird, stammt aus dem Kleiderschrank der Väter. Die Männermode erfindet den „casual suit", den Armani schon besser auf den Laufsteg gestellt hat. Yamamato zieht den Männern einen weißen Anzug an; so ist schon Thomas Mann in Kalifornien aufgetreten. Mit künstlichen Stoffen, beschichtetem

Leinen und bearbeiteter Seide zeigen die Designer Futuristisches. Hatte das in den 60er Jahren, als die Zukunft noch eine Zukunft zu haben schien, nicht schon einmal Konjunktur? Nein, heißt es plötzlich, die Naturfasern sind wieder da: Leinen und Baumwolle darf man wieder tragen. Der Knitterlook („crushed“) verabschiedet die Zukunft und wendet sich den Zeiten zu, als das Bügeln noch geholfen hat. Mal wieder.

Nichts Neues zur Jahrtausendwende. Der belgische Designer Raf Simons ersetzt Hellgrau und Nachtblau durch Kiesel und Silber, gibt weiten Hosen sogar Bundfalten zurück. Der britische Designer Paul Smith läßt auch wieder Jeans zum Blazer zu. Der französische Designer Jean-Paul Gaultier überrascht mit Saint-Tropez-Look im Serge-Gainsbourg-Feeling. Der amerikanische Designer Tommy Hilfiger macht Mut zu Farbe und fröhlichem Mix, zu Straßenmode mit klassischen Elementen. Der italienische Designer Giorgio Armani macht das, was er schon immer gemacht hat, und befreit die Männer von Schulterpolstern und Zwangsjacken. Fehlt noch jemand? Die deutsche Designerin Jil Sander kleidet den Mann so schlicht und schörkellos, daß er sich so vorkommen darf wie die „Jil-Sander-Frau“, die wiederum nach lockerer Herrenart gekleidet ist.

Fast verzweifelt muß man die Versuche nennen, der Herrenmode ein neues Gesicht zu geben. Was hat man nicht alles versucht! Eine gelbe Windjacke zu grauer Nadelstreifenhose. Ein Seidenhemd zu Madras-Shorts. Einen pastellfarbenen Seidenanzug mit Hemd in Pink. Röcke, Gamaschen, Kopftücher. Leinen, Wolle, Plastik. Grau, Braun, Gelb. Mit sicherem Gespür hat man den Geschmack und die Geschmacklosigkeit getroffen. Mit lauter Geste hat man zu verändern gesucht, was dann doch gleich blieb. So war es denn auch kein Wunder, daß die italienischen Marken Gucci und Prada in den 90er Jahren Erfolg hatten, nicht obwohl, sondern weil sie klassisch geschnittene Kleidung auf den Markt brachten. Immer wieder führten sie auf die Grundform zurück: den Anzug mit Hemd. Gucci und Prada wurden zum Pflichtstil für Modeleute, und bald glaubte der Designer Werner Baldessarini, jetzt Vorstandschef von Hugo Boss, in den Dunkelblaumännern und Schwarzkitteln die Teilnehmer eines eucharistischen Treffens zu sehen. Da war es dann wieder Zeit, die Kontinuität zu durchbrechen, den Einheitslook zu variieren. Und sogar für Männer wurden bald Blumen – etwa in Form bunter Hemdaufdrucke – auf dem Modemarkt verkauft.

Es ist kein Wunder, daß alte Modeschöpfer die Persistenz der Männermode am besten erkennen, stellen sie doch der Aktualitätsversessenheit der Modeindustrie die Dauer der Modegeschichte gegenüber. Sir Hardy Amies, der Königin Elisabeth II. einkleidete, sich aber ebenso um die Männermode kümmerte, hat immer wieder hervorgehoben, daß sich seit dem 17. Jahrhundert nichts wesentlich verändert hat. Er kann sich berufen auf den Staatsbeamten Samuel Pepys, der am 15. Oktober 1666 notierte: „Heute trägt der König zum ersten Mal seine Weste, und auch im Ober- und Unterhaus sah ich einige Herren – einflußreiche Höflinge – ebenso gekleidet. Sie besteht aus einem langen, eng am Körper anliegenden Talar aus schwarzem Stoff, der ausgezackt ist mit weißer Seide darunter, darüber einen Rock ..." (Amies, S. 11). Die bürgerliche Kleidung war hoffähig geworden. Der Mann trug Anzug und trägt ihn noch heute.

Anzug

Der Herrenanzug als Ensemble von Jacke, Weste (die heute, im Zeitalter des Zweiteilers, meist weggelassen wird) und Hose geht auf das 17. Jahrhundert zurück. Dem britischen Hofschneider Sir Hardy Amies zufolge war der englische König Karl II. (1660–85) der erste, der Wams und Kniehose durch die Kombination von Rock bzw. Mantel, Weste und Kniehose ersetzte. Ingrid Loschek, Spezialistin für Kostümgeschichte, sieht hingegen den französischen Sonnenkönig als Wegbereiter des Anzugs an. Ludwig XIV. trug um 1660/65 immer häufiger die Kleidung seiner Soldaten, den knielangen Schoßrock mit Kniehose und Weste. Auch die Modehistorikerin Anne Hollander datiert die Entstehung des modernen Anzugs auf das späte 17. Jahrhundert, „als eine Art locker sitzendes geknöpftes Jackett das begehrteste Oberbekleidungsteil für Männer wurde" (Hollander, S. 105). Im 18. Jahrhundert setzte sich eine schlichte Variante durch. Die Schneider benutzten nun hauptsächlich Wollstoffe – auch wurden Überrock, Weste und Hose teilweise schon aus einem Stoff in derselben Farbe gefertigt. Der Stil inspirierte sich an Reitkleidung, was damit zusammenhing, daß der englische Adel seine Zeit mit Vorliebe der Ausübung diverser Sportarten – wie Reiten, Pferderennen, Wagenrennen und der Jagd – widmete. Im 19. Jahrhundert tauchte dann als Vorläufer der modernen Anzugjacke eine kurze Variante des Rocks auf, und man begann, sich zunehmend Fragen der Paßform zu widmen. Englische Schneider blieben dabei führend. Um 1860 kam der „Deeside"- oder „Tweeside"-Coat auf, ein „Morning-Coat" mit abgeschnittenen Schößen. Er machte schließlich dem typischen einreihigen Jackett Platz, während der doppelreihige Blazer sich wohl aus dem Seemannsjackett entwickelt hat.

In manchen Reminiszenzen blitzt die lange Tradition des Anzugs auf. Sakko-Knöpfe auf der rechten Seite etwa und der Übertritt von links erinnern an die Zeit, als eine solche Kleiderordnung noch überlebensnotwendig war: Selbst bei geschlossenem Mantel konnte der Mann mit der rechten Hand leicht das Schwert ergreifen, wenn es zum Kampf kam. Heute erleichtert die alte Sakko-Regel den Griff zum Handy.

Sicher, der Anzug hat eine Entwicklung durchgemacht. Die Kniehosen wurden länger und weiter, je öfter der Mann im Salon saß, je seltener er auf dem Pferd anzutreffen war und je einflußreicher die Sansculotten wurden. Satin und Samt, einst unabdingbar für den Auftritt bei Hofe, wurden durch Wolle ersetzt und fanden sich schließlich nur noch an Revers oder Kragen. Der Frack und der Gehrock wurden kürzer, weil Sport und Spaziergang die leichtere Version begünstigten. Die Hemden verloren an Kragen, was sie an Krawatte hinzugewannen. Der Einreiher tendierte seit Edward VIII. zu drei, seit den frühen Beatles zu vier Knöpfen, ging in den 70er Jahren auf einen langen V-Ausschnitt und zwei Knöpfe oder gar nur einen Knopf hinunter, schloß dann wieder höher und langte Ende der 90er Jahre wieder bei vier Knöpfen an, was nur Derrick mißbilligte: Er blieb bei einem Knopf und wurde schließlich zu Europol weggelobt.

Doch mehr noch als durch seine Abwandlungen besticht der Anzug durch das, was bleibt. Der schwache, abgerundete Abstich an der Vorderseite des Sakkos stammt von der Reitjacke ab. Auch in Westen nichts Neues: Sie erinnern allzudeutlich an das Wams und damit an den gepolsterten Oberkörperschutz unter dem Panzer des Hochmittelalters. Die Krawatte verdankt ihren Siegeszug schon dem schönen und praktischen Focale, einem Band, das römische Söldner in Wasser tauchten und zum Kühlen um den Hals wickelten. Und wer glaubt, zumindest bei Mustern und Farben verändere sich vieles, der schaue sich einmal Jean-Paul Gaultiers berühmte Karomuster auf Schottenröcken an: Sie werden von Hochlandschotten seit Jahrhunderten getragen.

Womit wir bei der Damenmode wären. Sie unterscheidet sich nach landläufiger Meinung vor allem dadurch von der Herrenkleidung, daß sie wirklich Unterschiede macht: weil Frauen mehr Schmuck, mehr Farben, mehr Schnitte, mehr Frisur und mehr Schuhe fordern. Ist solche Mode nicht notwendigerweise immer

Klassiker der Kinokultur im Klassiker der Herrenmode: Pierce Brosnan trägt als James Bond in „Goldeneye" maßgefertigte Kleidung von Italiens Edelschneider Brioni.

wieder neu? Wird da nicht alles anders, als es ist? Wenn es nur so wäre! Denn auch in der Damenmode hat sich das Zeitalter der Sensationen überlebt, und der Blick wird frei auf das, was bleibt. Daß sich jeder mit schrillen Entwürfen, lauten Kommentaren, wilden Vorführungen in Szene setzt, ist nicht mehr originell in Zeiten, in denen es wieder darauf ankommt, was man sagt, nicht nur, wie laut man es sagt.

Am besten kann man das an der Gegenwart erkennen, die in der Mode die Zukunft vorwegnimmt. Als nach einigen revolutionären Versuchen John Galliano für Dior und Alexander McQueen für Givenchy Mode zeigten, die wie geschaffen war für die gesetzten Kundinnen der Traditionshäuser, schien die anfängliche Aufgeregtheit am Ende und der feine Unterschied an seinem Neubeginn. Der Rückgriff auf klassische Schnitte zeigt, daß die zeitgenössischen Designer sich am liebsten zeitlos geben, was vor allem heißt: Sie entwerfen das, was es ohnehin schon gibt.

Die Struktur modischer Revolutionen hat sich geändert, und das wirkt sich auf die Mode aus. Früher rissen Modeschöpfer den altbekannten Marken ihre Tradition vom Leib, um ihnen Innovation über die entblößten Stellen zu ziehen. Diese Methode bewährte sich schon, als der junge Yves Saint Laurent Ende der 50er Jahre Christian Dior beerbte und Karl Lagerfeld Anfang der 80er Jahre Chanel fortführte. Beide waren mit einem untrüglichen Sinn für die Leistungen ihrer großen Vorgänger und mit einem Selbstbewußtsein ausgestattet, das mutige Schritte in der und in die Modegeschichte verhieß. Den Entwürfen folgte die Vermarktung und natürlich jener Aufruhr, den die öffentlichkeitssüchtige Modebranche braucht wie die Luft zum Reden.

Heute heißen die Genies Designer, die Vermarktung nennt sich Marketing, und der revolutionäre Gestus hat sich verselbständigt, um gleichzeitig zu verflachen. Ein buntes Spektakel bei den Defilees, viel Haut und wenig Mode versprechen Aufmerksamkeit in einer Gemeinschaft, die sich in nicht ganz unpassender Anspielung auf das Theater „Szene" nennt. Französische Geschäftsmänner, die weniger in den Geschichtsbüchern als in den Geschäftsbüchern der Mode lesen, holten britische Designer nach Paris: Mit pointenreicher Inszenierung, hohem Pathos und fremdem Akzent wirkte das Drama eine Zeitlang wie eine Farce, die zwar nicht ernst zu nehmen war, aber beim Publikum gut ankam. Dann beruhigten sich die Designer, denn die Gallianisierung von Paris hatte auch zu einer Französierung Gallianos geführt. Als die „jungen Wilden" erwachsen wurden, entdeckte man allmählich, was Attribute wie „jung" und „wild" bedeuteten. Hatten sie viel verändert? Durchaus, wenn man die nachholende Modernisierung, mit der sich das Pariser Prêt-à-Porter dem Druck der Konkurrenz aus Mailand, London und New York beugte, als neue Mode feiern will, die sich auf das Wesentliche reduziert: den reduzierten Schick für die globalisierte Bürofrau, den sportlichen Charme für die mobile Vielfliegerin, den männlichen Schnitt für den Mann in der Karrierefrau.

Aber was sie verändert hatten im Gefüge des Prêt-à-Porter, diente eher dazu, den Sieg der Ökonomie über die Mode zu festigen. Mit den Kollektionen für den letzten Sommer des Jahrtausends scheint der kreative Drang der Designer an definitive Grenzen zu stoßen. Junge Designer setzen der Vermarktung von Massenwaren nicht einmal mehr zur Schau gestellte Widerborstigkeit entgegen. Betriebswirtschaftler diktieren die Mode: Was zählt, ist die Bekanntheit einer Marke, die mit Lizenzen für Parfums, Kosmetik, Taschen, Gürtel, Brillen und Sonnenbrillen Geld einnimmt. Häufig prägt nicht mehr der Modeschöpfer, wie er einst emphatisch genannt wurde, die Marke, sondern die Marke drückt dem Designer ihren Stempel auf. Daher wechseln Modemacher heute fast so oft das Modehaus wie Fußballspieler den Verein: Paßt er hier nicht, paßt er vielleicht dort. Schlägt er dort nicht ein, geht er eben zurück nach Italien.

In dieses Konzept, in dem die Person auf das Produkt, das Design auf das Marketing folgt, paßt am besten jener amerikanische Modestil des Puren, Minimalen, Einfachen, Sportlichen, wie er sich schon seit Jahren in Mailand und rechtzeitig zur Jahrtausendwende auch in Paris verbreitet. Die Amerikaner schicken die Damen so maskulin und emanzipiert über den Laufsteg, so edelschick und bürotauglich, daß man zunächst glauben könnte, hier ginge es um den Rollenwechsel der Frau, die sich nicht mehr nur im Boudoir, sondern auch im Büro um ihre Pflichten kümmert. An den Laufstegen hört man sogar den ungewöhnlichen Satz: Das kann man ja tragen! Gerade darum geht es. Eine solche Mode wird kaum noch Auskunft geben über die verschiedenen Rollen, die Menschen einander zugestehen oder zuweisen. Sie wird kaum noch ein Kaleidoskop verschiedenartiger Völker, eine Revue der Epochen, ein Schnittmuster des sozialen Weltgefüges vor Augen führen. Sie versucht vielmehr, den Modekäufer auf den größten gemeinsamen Nenner zu bringen: Solche Kleidung kann jeder tragen – wenn er denn Geld und Geschmack hat.

Man könnte den klaren Stil als sublime Ästhetik der Einfachheit wertschätzen, die gelungene Emanzipation der Frau oder den Sportsgeist der Designer feiern. Man darf ihn jedoch auch auf betriebswirtschaftliche Größen zurückführen: Gewinne zu maximieren bei minimalem Aufwand. Der Hang zum Schlichten bietet Einblicke in das globalisierte System der Mode. Je stärker sich die Luxusgüterindustrie im Fernen Osten und in Amerika, in Rußland und in Mitteleuropa gleichermaßen zu behaupten hat, desto stärker wird sie auf eine Formensprache achten, die nicht mit eklektizistischem Französisch, ausdrucksstarkem Italienisch oder Straßenenglisch unverstanden bleibt, sondern sich im allgemeinverständlichen Amerikanisch der Sportlichkeit ausdrückt. Und hat die dem amerikanischen Traum entsprechende Zukunftsversessenheit mit viel Vergangenheitsvergessenheit zu tun, nimmt auch die Amerikanisierung der Mode dieser ein Stück ihrer mal prächtigen, mal frivolen, mal raffinierten und mal armseligen Geschichte. Statt dessen fügt sie ihr eine fast monoton zu nennende Zukunft hinzu.

Was an einfachem Schick gezeigt wird, verdankt sich einem durch Verkaufsstrategien vorgegebenen ästhetischen Kalkül, das im Zeichen der Globalisierung die Differenzen einebnet. Auch in Paris wird man sich an eine Mode gewöhnen müssen, die nicht mehr die Sinne für historisch gesättigte Ausdrucksformen schärft. Denn die neue Mode reduziert die Unterschiede mit einfachen Schnitten auf demokratisches Gleichsein: ethnisch verträglich, ökologisch korrekt, sozial akzeptiert, geschlechtsneutral und historisch unverfänglich. Wenn die Amerikanisierung und Mailandisierung der Mode so weitergeht, wird die Modegeschichte ihre Buchdeckel schließen können. Das letzte Kapitel bestünde nur aus wenigen Sätzen: „Am Beginn des 21. Jahrhunderts waren die Menschen der Experimente müde. Auch auf dem Laufsteg wollten sie sehen, was sie schon aus den Geschäftsstraßen kannten: Tragbare Mode, nicht untragbare Entwürfe." Und es drängte sich der Gedanke auf, daß nicht die Veränderung die Mode bestimmt, sondern die Dauer, daß nicht immer alles neu, sondern alles schon dagewesen ist.

Warum aber glauben fast alle Modetäter, die sich manchmal Fashion Victims nennen, daß in der Mode alles neu sei? Nicht allein deshalb, weil sie als Journalisten, Einkäufer und Designer Geld damit verdienen. Auch nicht, weil die Aufgeregtheit um Mode und Models Sensationen stimuliert, die das Gefühl, nicht den Verstand berühren. Und auch nicht, weil das photographische Abbild des Schauengeschehens – und damit die öffentliche Aufmerksamkeit – sich auf die Extreme und nicht auf den tragbaren Durchschnitt fixieren. Nein, die Modeleute brauchen die Mode, weil sie, wie der Soziologe Georg Simmel es formulierte, „an dem Wechsel, der sich vollzieht, einen psychologischen Schimmer von Dauer" (Simmel, *Zur Psychologie der Mode*, S. 11) wahrnehmen. Weiter gedacht, ist das Neue nur eine schwache Ahnung des Ewigen, die Modenschau eine säkularisierte Eucharistiefeier und der Designer ein quasigöttlicher Marionettenspieler, dessen Figuren auf dem Laufsteg wie die Stellvertreter Gottes auf Erden einen matten Abglanz des Ewigen darstellen. Auf dem Höhepunkt der Schau schließlich offenbart sich der

Triumph der Tragbarkeit: Dunkelgraue Jacke aus einem Mohairgemisch mit einer lässigen Hose aus Baumwollsamt und transparentem Seidentop. Skizze von Giorgio Armani für Herbst/Winter 1998/99.

Designer, und die Gemeinde wird im Jubel eins mit dem Göttergleichen. Mit Kleidung hat das wenig zu tun, aber wir sind bei der Mode. Und zur Mode gehört, daß die Psychologie der Unterscheidung, die Soziologie der Gruppenbildung, die Theologie der Verehrung das Verhalten der Mode-Gemeinde besser beschreiben als Rocklängen, Raffschultern und Röhrenhosen. Zur Mode gehört, daß jeder glaubt, einem einmaligen Ereignis beizuwohnen, Revolutionäres, Umwerfendes, Anderes, Rebellisches, Junges zu sehen – und doch alles beim alten bleibt.

Accessoire: „Button Fly"

Von Dagmar Leupold

Auch in der Mode sind Konvertiten die gewissenhaftesten Vertreter der neu eingeschlagenen Glaubensrichtung, wie man an meinem Freund Russ sieht: Er hat, ganz ohne traumatischen Anlaß, dem Reißverschluß den Rücken gekehrt und trägt seither nur noch Hosen mit geknöpftem Schlitz. Mit dem Bekehrten eigenen Fanatismus verübelt er seiner Mutter noch retrospektiv, daß sie das An- und Ausziehen seiner Kindheit im Ruckzuck-Verfahren um das erotische Moment betrog, das in jedem geduldigen Aufnesteln der Knöpfe gefeiert wird. Hinter Reißverschlüssen verstaut man, hinter Knöpfen wird gebettet, sagt er.

Bundfaltenhosen, so Russ, erhalten durch die Knopfleiste einen feinen, englischen, einen Gentleman-Anstrich. Humphrey Bogart, Malteserfalke. Gerade weil man nicht zeigt, was man hat, hat man. Bei Jeans ist das genaue Gegenteil der Fall: die Knöpfe sabotieren hier den Ruf der Zuverlässigkeit, des Robusten, das der Cowboy, der auch beim Pferdestehlen nicht durchbrennt und im Nebenberuf Familienvater ist, so schätzt. Die Metallnieten halten Spannung aus, brauchen Spannung – Götz George! werfe ich ein und ernte, weil ich die Ikonographie seiner Religion anscheinend erfasse, ein frohes Nicken von Russ – und müssen diese Spannung unbedingt übertragen: so daß man kaum noch seine Hände in Zaum halten könne!

Russ nimmt mich gerne mit in Geschäfte, die ihre Zugehörigkeit zur Button-Fly-Liga durch besonders beseelte Verkäufer demonstrieren. Bis zur Decke stapeln sich Herausforderungen aus Denim und werden im fachmännischen Gespräch bedächtig erörtert und gewürdigt. Wenn Russ eine Hose anprobiert, knöpft er sich den Schritt vor dem Spiegel zu, denn – erklärt er mit gepreßter Stimme und angespannten Bauchmuskeln – auch die Bewegungen müssen stimmen.

Ich höre zu, an die Tür gelehnt, und beobachte durch die Scheibe die Passanten, wie ihr Blick auf der Jagd nach einem kleinen Fest unstet wird.

III

DER WANDERZIRKUS DER MODERNE

1. Der Kampf der Metropolen

Mode ist Krieg

Von Stefanie Schütte und Susanne Becker

Giorgio Armani sah an diesem Morgen alt aus. Nicht nur im übertragenen Sinne: Der italienische Modemogul wirkte das erste Mal wirklich wie ein 63jähriger. Die sonst so bravourös in Form gehaltenen Züge waren entgleist, die Sonnenbräune hatte einem fahlen Teint Platz gemacht, der muskulöse Körper seine Spannung verloren. Am Abend zuvor war, wenige Stunden vor Beginn, seine Mammutschau während der Prêt-à-Porter-Woche in einem eigens dafür errichteten Zelt verboten worden: Die Pariser Polizei hatte das verwöhnte Modevolk relativ unsanft hinter eine Absperrung gedrängt, Stars wie der Schauspieler Christopher Lambert oder Modeschöpfer Paco Rabanne ergriffen wutschäumend für ihren Freund Partei und sprachen von einer Schande für Frankreich; andere riefen „Armani, go home". Offizieller Grund für die geplatzte Schau waren nicht eingehaltene Sicherheitsvorkehrungen: Die Präfektur verwies auf eine ungenügende Zahl von Notausgängen, Sicherheitskräfte hätten nur einen erschwerten Zugang gehabt, auch sei das Parkhaus unter dem Gelände vor der Kirche Saint Sulpice durch das darüber errichtete Zelt nicht mehr ausreichend belüftet worden. Scheinbar gute Gründe – allerdings, ein derartiges Hochkochen der Emotionen erklärten sie kaum. Auch wisperte man, daß in Paris schon viele Schauen mit einem weit niedrigeren Sicherheitsstandard über den Laufsteg gegangen seien. Bei der eilends einberufenen Pressekonferenz im Hotel Ritz am Morgen danach, dem 12. März 1998, zeigte sich der große Armani fassungslos. Er hatte sogar am Vortag noch Nachbesserungen an seinen Installationen durchführen lassen – allein seien diese keines Blickes gewürdigt worden. Nach vielen Jahren Schauerfahrung mit unzähligen architektonischen Verrenkungen für ordnungsgemäße Abläufe passierte ihm etwas Derartiges das erste Mal.

Und schließlich sprach Armani von einem Krieg zwischen Mailand und Paris, ein Wort, das die Zeitungen am nächsten Tag genüßlich aufnahmen. Den Modekrieg beschwört schon die von Kim

Basinger gespielte Journalistin Kitty Potter in Robert Altmans Filmsatire „Prêt-à-Porter", und genau diesen Kampf meinte Armani. Schon im Vorfeld seiner Schau hatte es heftige Diskussionen um die Eröffnung eines riesigen Emporio Armani-Ladens in den Räumen des legendären ehemaligen „Drugstore" des Pariser Intellektuellen-Viertels Saint Germain gegeben. Man sprach vom „Ausverkauf des Viertels", wobei geflissentlich übersehen wurde, daß fast alle französischen Luxusmarken längst in Saint Germain riesige Ladenflächen bestreiten. Doch Armani ist eben kein Franzose, auch kein Belgier oder Engländer oder Deutscher, was als Modemacher gerade noch so hingehen mag. Ausgerechnet ein Italiener mußte in diesem durch Sartre und Simone de Beauvoir gleichsam geheiligten Viertel seine unübersehbare Flagge hissen. Doch dem nicht genug: Er wagte sich auch noch mit einer Schau in die Höhle des Löwen; das „Armani go home" hieß auch „Zeig doch deine Mode – wie sonst immer – bei dir zuhause in Mailand". Vielleicht wird Armanis persönlicher Kampf mit Paris bald zu einem friedlichen Ende kommen, denn zur Zeit finden Verhandlungen zwischen seinem Unternehmen und dem französischen Luxuskonzern LVMH über eine mögliche Zusammenarbeit statt, doch der Kampf der Metropolen um die Krone der Modekönigin dauert unvermindert an. Schärfste Konkurrenten sind dabei Mailand und Paris, was die Franzosen um so mehr schmerzt, als die Seine-Metropole einst als unangefochtene Modehauptstadt galt. Inzwischen läßt sich hierüber trefflich streiten – so gilt Mailand als trendsetzender, Paris als individualistischer. Während die Franzosen immer teurere Spektakel inszenieren – die opulente Dior-Schau im Oktober 1997 kostete laut *Libération* rund sieben Millionen Franc (ca. 2,3 Millionen Mark) –, gibt es in Mailand eine Tendenz zu leiseren, unaufgeregten Präsentationen. Aus London kommen die interessantesten Jungdesigner; New York hat sich dadurch wieder ins Gespräch gebracht, daß man in der vergangenen Saison kurzerhand den Schauentermin auf Februar vorverlegte und nun vor allen anderen zu Beginn des Reigens zeigte.

Eins jedoch ist in allen Städten gleich: die sich mal cool, mal hysterisch gebende Pilgerschar von Journalisten und Einkäufern, die bissige bis begeisterte Kommentare liebt, in ihren schwarz gestylten Outfits eine Art Tanz der Vampire aufführt und der Mode hoffnungslos verfallen ist. Auch in diesem kleinen Kreis gibt es strenge Hierarchien: Die Einkäufer der amerikanischen Luxuskaufhäuser oder der europäischen Edelboutiquen stehen hierbei ganz oben, ebenso wie ein handverlesener Kreis von Journalisten, die in der Fashion-Szene eine Art Halbgottstatus genießen, für den Rest der Welt dagegen eine zu vernachlässigende Rolle spielen. Neben Modepäpstin Suzy Menkes von der *International Herald Tribune* und „Gegenpäpstin" Amy Spindler von der *New York Times* zählt die feingeistige Chefredakteurin der italienischen *Vogue* Franca Sozzani genauso hierzu wie die Chefin der US-*Vogue* Anna Wintour. Eine Sonderstellung nimmt die gesamte Redaktion von dem Fachblatt *Women's Wear Daily* ein, die als bestinformierte Modejournalisten der Welt gelten. All diese Szenegrößen ziehen von Schau zu Schau, von Metropole zu Metropole, und letztlich entscheiden sie, welche Stadt gerade „up to date" ist. Da dies jedoch wechselt, werden alle vier Modestädte mit ihren jeweiligen Besonderheiten hier vorgestellt: Paris und Mailand, London und New York.

„Paris se reveille": das Zittern der Franzosen

Von Stefanie Schütte

Die Renaissance findet immer wieder statt. Zweimal im Jahr geht ein einstimmiges Jubeln durch den französischen Blätterwald mit Schlachtrufen wie „Paris se reveille" – „Paris erwacht wieder" – und dicken Dossiers über „Les jeunes stylistes", die jungen, hoffnungsfrohen und mehr oder weniger talentierten neuen Designerstars. Jedesmal pünktlich zur Eröffnung der Prêt-à-Porter-Woche im März und Oktober feiern die Franzosen die Wiedergeburt von Paris als Hauptstadt der Mode, vorsichtshalber bevor die erste Schau überhaupt stattgefunden hat. Denn ein Vergleich zwischen dem hochtrabenden Inhalt aller Büttenreden oder Beschwörungsformeln und den real gezeigten Kollektionen könnte ja vielleicht in diesem einen fatalen Schluß enden: daß nämlich Paris die Krone der Modestädte endgültig an Mailand abtreten hat müssen.

Das Zittern der Franzosen zeigt, daß die Palastrevolution schon lange zurückliegt. Von Renaissance kann man nur reden, wenn voher ein Niedergang stattgefunden hat. „Seitdem sie dazu neigen, auf Teufel komm raus ihre teuren Namen zu verkaufen, wird in Paris viel Schaum geschlagen. Vergangenes Jahr ist den Franzosen

Fürchterliches passiert: Nach den Prunkschauen in Paris kehrten viele potente Einkäufer nach Mailand zurück, um ihre Dollars und Mark dort auszugeben", schrieb schon im August 1980 der *Stern* (Mueller-Stindl, S. 59). Eine verheerende Bilanz für die Mutter der Modestädte: In Paris wurde schließlich die Haute Couture geboren. Als ihr Begründer gilt der Engländer Charles Frederic Worth (1826–1895), ein hochbegabter Kreativer mit großem Organisationstalent. Worth ging 1854 nach Paris. Er war der erste Modeschöpfer im heutigen Sinn: kein einfacher Schneider, sondern ein „Künstler", der seine Entwürfe mit seinem Namen zeichnete. Worth gründete 1868 die *Chambre Syndicale de la Couture Française*, die noch heute über die Schneiderkunst der Couture-Häuser wacht. Worth war auch der erste, der seine Kreationen statt an Puppen an einem lebenden Mannequin vorführte – an seiner Frau Marie Vernet nämlich – und damit eine Vorform der Modenschau etablierte.

Bis weit über die Hälfte dieses Jahrhunderts hinaus fanden die Schauen, die Modegeschichte schrieben, immer in Paris statt: zum Beispiel Christan Diors Präsentation seiner revolutionären „Ligne Corolle" (die als „New Look" berühmt wurde) am 12. Februar 1947, nach der die amerikanischen Einkäufer ihren schon abgereisten Kollegen nach Hause kabelten: „Sofort zurückkommen, Sensation bei Dior". Oder Yves Saint Laurents Schau 1968, bei der ein Kleid aus schwarzem völlig durchsichtigen Chiffon als „Oben-ohne-Mode" Furore machte. Noch heute ist der so geschaffene „Transparent-Look" aktuell. Für einen Riesenrummel sorgte auch Jean-Paul Gaultiers Männerkollektion für Frühjahr/Sommer 1985: Das damalige Enfant Terrible der französischen Mode stellte den Rock für den Mann vor und rüttelte damit an Grundfesten der westlichen Kultur, der Teilung der Mode in männlich und weiblich.

Auch wenn die Franzosen seit den 80er Jahren immer neidvoller auf die glänzenden Marketingerfolge der italienischen Modehäuser schielen, auf eins können sie auch heute noch stolz verweisen: ihr kreatives Potential. Und genau hierauf setzt der neue Chef der französischen *Fédération de la Couture et du Prêt-à-Porter des Couturiers et des Créateurs de Mode* Didier Grumbach, der damit an der Spitze der französischen Modeindustrie steht. Er möchte die Schauen wieder verstärkt in die Medien bringen und junge Talente stärken. Die „jeunes stylistes" sind das Pfund, mit dem die Pariser wuchern. Auch wenn sie sie meist woanders herholen. Von den Engländern

John Galliano und Alexander McQueen war in diesem Buch schon wiederholt die Rede. Auch der Amerikaner Marc Jacobs, der für Louis Vuitton arbeitet, und der von Hermès angeheuerte Belgier Martin Margiela wurden bereits erwähnt. Zu der Generation der „Erneuerer" in Paris zählen außerdem die Britin Stella McCartney, die mit verspielt-femininen Enwürfen inzwischen ihre vierte Saison bei Chloé bestreitet, oder der aus Griechenland stammende Amerikaner Peter Speliopoulos, der Cerruti mit einer Mischung aus Romantik und Minimalismus verjüngt. Der für den spanischen Ledermacher Loewe arbeitende Amerikaner Narciso Rodriguez gilt als eines der größten Talente der Modeszene – er kombiniert gerne strenge „männliche" Elemente wie etwa weit geschnittene Anzugshosen mit sehr weiblichen Stücken wie zarten Chiffontops. Hochgelobt wird auch die Arbeit des aus Israel stammenden Amerikaners Alber Elbaz, der bis vor kurzem bei Guy Laroche arbeitete und inzwischen für Yves Saint Laurents Linie „Rive Gauche" verantwortlich zeichnet. Elbaz steckt voller Ideen und beherrscht sein Handwerk perfekt. Und auch er soll wie die vielen anderen ein Traditionshaus wieder auf Trab bringen, ein Trend, der von der tiefen Verunsicherung der Franzosen zeugt.

Andererseits gibt es neben den vielen „jungen Talenten" auch einige ältere, allen voran Jean-Paul Gaultier, der immer wieder mit neuen Ideen und einem Stilgemisch aus verschiedenen Inspirationsquellen überzeugt. Nicht ganz so lange dabei, doch ähnlich originell sind die Entwürfe der „Belgier", der aus Antwerpen stammenden Designer Dries van Noten, Ann Demeulemeester oder Dirk Bikkembergs. Sie revolutionierten Anfang der 90er die Mode mit einem manchmal anrührend schönen „Flohmarkt-Look". Alle drei gelten als Epigonen einer anderen Richtung des Pariser Modespektrums: der „Japaner". Yohji Yamamoto, Rei Kawakubo (Comme des Garçons) und Plissee-Künstler Issey Miyake überzeugen noch heute mit ihrer kargen, oft düsteren Ästhetik, ihrer Wickel- und Drapierkunst und der Dekonstruktion westlicher Modevorstellungen.

Daneben zeigen beim Prêt-à-Porter jedoch auch ganz „barocke" Designer ihre Entwürfe, Vertreter einer schmückenden Mode und eines Schönheitsbildes im traditionellen Sinne: Christian Lacroix etwa, Valentino oder Emanuel Ungaro. Und schließlich gibt es noch einen, der keiner „Gruppe" zuzuordnen ist, doch symbolhaft für die gesamte Pariser Mode steht: Karl Lagerfeld, der es mit seinen Kollektionen für Chanel in fast jeder Saison schafft, die Nase ganz vorn zu haben im sich ewig drehenden Wind der Modetrends.

Die Einteilung der Pariser Designer in bestimmte Richtungen wird natürlich keinem von ihnen ganz gerecht. Jeder der ebengenannten zeichnet sich durch einen ganz eigenen, unverwechselbaren Stil aus. Gleiches gilt für die vielen hier nicht besprochenen französischen Modemacher wie Kenzo oder Sonia Rykiel, die zum Teil seit Jahrzehnten originelle Kollektionen vorlegen. Wenn es etwas für Paris Typisches gibt, liegt es genau in diesem Mix der Stile, von denen mindestens einer – nach Meinung der Franzosen – in jeder Saison für die Renaissance der Modemetropole Paris taugt.

Mailand – Warten auf Armanis Kinder

Von Axel Botur

Morgens um neun in Mailand. Die Vorstadtzüge rollen in den Bahnhöfen der Stadt ein, die mehr Menschen ernährt, als sie beherbergen kann. In den Bars laufen die Espresso-Maschinen auf hohen Touren. Für knapp drei Mark frühstückt der Italiener in Gemeinschaft. Mit wenigen Handgriffen bändigt er die rosa leuchtende *Gazzetta dello Sport* in ein Format, das es ihm ermöglicht, die Vorgänge Kauen, Sprechen und Lesen parallel durchzuführen. Mailand gehört zu den rasanteren Städten des Landes.

Wer um diese Zeit das Messegelände über die Piazza VI Febbraio betritt, versinkt jedoch in Stille. Zwar verkündet der Ablaufplan des Tages, daß hier jetzt eine „Sfilata“, eine Modenschau, stattfinden soll. Nur, für wen?

Die Damen und Herren Trendentdecker schlafen noch. Sie verdauen die Pasta, die Donatella Versace am Vorabend für ihre Lieblings-Redakteure servieren ließ, oder bauen den Alkohol aus den Cocktail-Gläsern der Gucci-Party ab. Das braucht Zeit. Zudem gehören die Macher jener so früh am Morgen vorgeführten Mode nicht zu den Anzeigenkunden des Verlages, dem die Schlafenden dienen. Kein Grund also, in panische Aufwachzwänge zu verfallen. Vor elf setzt sich selten eine der Chauffeur-gesteuerten Limousinen in Bewegung, die sich die *Vogues* und *Elles* dieser Welt für einen Tagespreis von etwa 400 Mark anmieten.

Nur ein paar Berichterstatter aus der italienischen Provinz schleichen bereits über die zwei hermetisch vom Sonnenlicht abgeschirmten Etagen. Die kämen ohnehin nur, um zu schreiben, wer bei wem in der ersten Reihe gesessen hat, nölen die Designer. Und plazieren Gameshow-Schönchen auf die Sitze mit der besten Aussicht. Auch wenn diese im Fernsehen dem Moderatoren nur das Mikrofon halten, verspricht ihre Präsenz mehr Widerhall in der gedruckten oder gefilmten Nachricht als eine in Plastik geschweißte Umsetzung folkloristischer Schleiergewänder. Deshalb plagen sich im Vorfeld des modischen Spektakels die PR-Abteilungen der Modehäuser mit der Frage, welche menschliche Staffage die wohl dekorativste sei.

Gattinoni hatte im Oktober 1998 die Angel nach dem seinerzeit dicksten Fisch im VIP-Teich ausgeworfen. Mit einer hohen sechsstelligen Dollarsumme köderte man Monica Lewinsky für einen einzigen Auftritt. Bill Clintons Ex-Praktikantin allerdings hatte seinerzeit ganz andere Probleme zu bewältigen. Zudem zweifelte die spöttelnde Konkurrenz an der Kompatibilität der Gattinoni-Kleider mit den Lewinskyschen Körperformen. Über die Frage, ob sich ein deutscher Kanzler in italienischen Maßanzügen ablichten lassen darf, lachen sich Mailänder ohnehin nur schlapp. Schließlich haben die ihren Bürgermeister Gabriele Albertini bereits einzig mit einem kurzen Kaschmir-Höschen bekleidet über den Laufsteg des römischen Designers Valentino defilieren sehen.

Als Beppe Modenese die über Rom und Florenz verstreut agierende Kreativität 1979 erstmals in Mailand bündelte, wollte er ein Forum schaffen, das mit dem damals dominierenden Pariser Prêt-à-Porter konkurrieren konnte. Heute wie damals wacht die Camera Nazionale della Moda Italiana, der Dachverband der Modeindustrie, über die Milano Collezioni. Je zweimal im Jahr inszeniert die einflußreiche Institution Modevorführungen für Frauen und Männer. Modenese, inzwischen Ehrenpräsident der Kammer, läßt sich noch immer auf fast jeder Show sehen.

In Mailand jauchzen vor allem die Einkäufer, weil die Stadt viel Tragbarkeit und wenig Exzentrik liefert. Weshalb die Journalisten mittlerweile zur kreativen Akkuaufladung nach London strömen. Miuccia Prada ist nicht zuletzt deshalb der heißeste Modename vor Ort, weil es ihr gelingt, Presse und Handel gleichzeitig in Euphorie zu versetzen. So trat sie etwa Mitte der 90er Jahre eine Asien-Welle los, die bis in die Niederungen des Klamotten-Discounts hinein kopiert wurde. Guccis Kreativkopf Tom Ford weckte die Branche dann rechtzeitig zur Jahrtausendwende aus ihrem Purismus-Tiefschlaf. Als seine Hippie-Blumen und Straßstickereien ohne Vorwarnung den Laufsteg enterten, fühlten sich die Zuschauer wie von der Turmglocke wachgeküßt.

Trotzdem kämpft der Standort derzeit gegen den Makel, seit dem Designerpärchen Dolce & Gabbana keinen Namen mehr hervorgebracht zu haben, der es per Eigenleistung zu Weltruhm gebracht hat. Die beiden feierten 1995 ihr zehnjähriges Jubiläum. „Wir sind mittlerweile ein wenig zu alt, um noch die Jüngsten zu sein", klagen sie. Alberta Ferretti, immerhin auch schon 25 Jahre mit eigener Kollektion auf dem Markt, ist so etwas wie der lebenslange Geheimtip. Groß im Geschäft, nur merkt's keiner so richtig. Allerdings produziert ihr Unternehmen Aeffe mit Narciso Rodriguez einen Designer, dem es am ehesten zuzutrauen ist, die Etablierten wie Versace, Armani, Krizia oder Ferré zu ärgern. Dumm nur fürs italienische Ego: Rodriguez ist kubanisch-amerikanischer Abstammung, mittlerweile auch schon 38 und gehört zudem noch zur Hälfte der verfeindeten Schwester Paris, wo er für Loewe Mode macht.

London – Burning out

Von Inga Clausen

„Mein Gott, hast Du gesehen? Überall Blut, und der Laufsteg völlig unter Wasser." „Nein, aber die Models bei X, die waren behindert und liefen auf Prothesen aus Mahagoniholz." „Und was ist mit Fergies Auftritt für Y – nichts als ein transparentes Lätzchen am Leib..." Spuk, Spektakel, Mummenschanz. Der Modeschauplatz London hat jede Saison wieder einen Ruf zu verteidigen: Hier entsteht Neues, hier überschreitet man Grenzen, hier regieren keine gängigen Schönheitsideale.

Im Vergleich mit New York, Mailand und Paris gilt die britische Hauptstadt als kreatives Zentrum der Modeindustrie. Von ihren Designern erwartet ein jeder, daß sie der Welt stets einen Schritt voraus sind auf der Suche nach dem Trend und daß sie ihre modischen

Visionen kompromißlos verwirklichen. Wer als Moderedakteur hierherkommt, will mindestens zehn neue Ideen entdecken. Und nur wenige Einkäufer, die zweimal jährlich zur London Fashion Week anreisen, haben im Sinn, wirklich etwas aus der Designer-Kollektion zu kaufen. Das technische Knowhow der britischen Modemacher und der Qualitätsstandard ihrer Kleidung sind – oft zu Unrecht – nicht berühmt.

Aber alle schätzen die Erfahrung, bei einer der grotesken Mode-Inszenierungen der wilden Briten zugegen zu sein. Man muß sich einmal vorstellen: die versammelte Elite der Modewelt im Dickensschen Teil von London, wo einst Jack the Ripper sein Unwesen trieb...

Bis zur Mitte der 90er Jahre verkörperten vor allem die ehemalige Königin der englischen Punk-Bewegung, Vivienne Westwood, sowie John Galliano die Extreme. Dann wuchs eine neue Generation von Jungdesignern heran, deren kreatives Potential London schlagartig in den Mittelpunkt des internationalen Interesses rückte. Zu ihr gehören Alexander McQueen, Hussein Chalayan, Antonio Berardi, Clements Ribeiro, Copperwheat Blundell und Owen Gaster. Sie alle sind Produkte der renommierten Londoner Talentschmiede Central St. Martins College of Art and Design, die ihren Studenten schon früh predigt, jeder Kommerz sei uncool.

Einige von ihnen, McQueen, Berardi und Gaster, kleiden ihre Frauen in Korsetts aus Holz, Gips oder Glas. Andere, wie Chalayan, entziehen sich in zarte Designerträume von Elfen und Feenwesen und erheben für ihre Mode den Anspruch der Intellektualität. Gemeinsam haben sie der London Fashion Week in den letzten Jahren des zweiten Jahrtausends zu neuem Prestige verholfen und London als Modeschauplatz auch für ausländische Designer attraktiv gemacht.

Doch die Hochphase ist nicht von Dauer. Londons Nachwuchstalente verschwinden von der Bildfläche und mit ihnen auch die einflußreichen Journalisten und Einkäufer. Trotz des Hypes scheitern viele englische Jungdesigner letzten Endes an der Unverkäuflichkeit ihrer Kollektionen. Die Zyniker unter ihnen machen darauf aufmerksam, daß die britische Bekleidungsindustrie in den letzten Jahren zwar viel von der Imagearbeit ihrer Avantgardisten profitiert, aber niemals finanzielle Unterstützung geleistet habe...

Für die anderen, die es bis heute geschafft haben, folgt irgendwann der natürliche Schritt, London den Rücken zu kehren: diesem Ort, an dem nur Raum für experimentelle Mode-Happenings ist. Werden ein Designer und seine Kollektion erwachsen, sind beide besser in Städten wie Mailand oder Paris aufgehoben, in denen der Entwurf von tragbarer Kleidung keinen Treuebruch bedeutet.

Die besten britischen Designer sind bereits dem Sirenengesang großer Modeunternehmen gefolgt, deren Talent-Scouts in London nach kreativem Nachwuchs Ausschau halten. Derzeit sind es vor allem alteingesessene französische Couture-Häuser, die eine Verjüngung ihres Images wünschen. Was wäre da naheliegender und Publicity-trächtiger, als sich ein „Wild Child" aus London auf den Thron zu setzen?

Alexander McQueen ist zum Design-Direktor von Givenchy ernannt worden, John Galliano regiert bei Christian Dior, und Stella McCartney hat Karl Lagerfeld bei Chloé abgelöst. Hussein Chalayan entwirft in New York Mode für TSE, und Antonio Berardi ist immer wieder im Gespräch als Nachfolger von Donatella Versace. Mit dem Verlust dieser Modebegabten fällt London in seiner Relevanz als Modeschauplatz wieder hinter die anderen Metropolen zurück. Aber es bleibt, was es immer war: Brutkasten für nachrückende Talente. Und jedes Jahr verläßt eine neue Liga Studenten die Schule, die zu provozieren und zu schockieren trainiert.

New York: Amerika blickt auf

Von Sabine Spieler

Mit New York wurden lange Zeit vor allem clevere Marketingstrategien in Verbindung gebracht. Ob Calvin Klein, Ralph Lauren oder Donna Karan – sie werden vermutlich in die Modegeschichte eingehen, weil sie gezeigt haben, daß die Mode in den 90er Jahren auch eine Frage der Vermarktung und nicht ausschließlich des Designs ist. Daß die „wahre" Kreativität in Europa beheimatet liegt, stand für die Modewelt nämlich noch nie außer Frage.

Doch New York holt auf. In diesem Frühjahr eröffnete die amerikanische Metropole zum erstenmal das Karussell der internationalen Stilistenschauen. Auf Initiative von Helmut Lang hat New York die Präsentation der Schauen um knapp zwei Monate vorverlegt. Der Österreicher, der seit eineinhalb Jahren in New York lebt und arbeitet, hatte letztes Jahr seine Schau anstatt im November bereits im September gezeigt. Donna Karan und Calvin Klein schlossen sich ihm an, und damit war der Grundstein für einen frühen Termin gelegt. Bis auf wenige Ausnahmen zogen im Februar alle Designer mit.

Daß New York nun den Schauenreigen anführt, wird von den Amerikanern nicht ohne Stolz als „major coup" bezeichnet. „Wir springen endlich aus dem Schatten Europas", sagte Nachwuchs-Talent John Bartlett in einem Interview. Immer mußten sich die amerikanischen Designer den Vorwurf gefallen lassen, daß sie ohnehin nur die Trends ihrer Kollegen in Mailand und Paris kopieren.

Jetzt präsentieren sie als erste ihre Kollektionen, und es scheint, als wollten sie mit aller Macht ihre Kreativität demonstrieren, denn daß New York als Standort an Bedeutung gewonnen hat, steht außer Frage. Das beweist allein die Tatsache, daß viele europäische Designer sich gegen Europa und damit für New York entschieden haben. Auffällig ist dabei die massive Präsenz der Briten: Vivienne Westwood für ihr „Red Label", Thomas Starzewski, Philip Treacy, Julien Mac Donald und Hussein Chalayan für das Cashmere-Label TSE. Selbst der Schotte Alexander McQueen kündigte an, im Herbst die Schau seiner eigenen Marke nach New York zu verlegen, weil die britische Metropole zu wenig Einkäufer anziehe. London etwa hat stark an Attraktivität eingebüßt – zugunsten von New York.

Aber auch Franzosen wie Marithé et François Girbaud, Barbara Bui und Xuly Bet haben sich für New York entschieden. Paradoxerweise haben gerade die Franzosen, die ihren Unmut über die mangelnde Kreativät der Amerikaner immer am lautesten verkündet haben, nach der Vorbild-Liaison Ford-Gucci junge amerikanische Talente für traditionsreiche Namen verpflichtet. So hat Louis Vuitton, bis vor drei Saisons bekannt für Reisegepäck und Taschen der obersten Luxusklasse, für seine Bekleidungslinie das große Newcomer-Talent Marc Jacobs verpflichtet. Weitere Beispiele für die amerikanisch-französische Koalition sind Michael Kors für Céline sowie Narciso Rodriguez für Loewe.

„Der pragmatische Ansatz der Amerikaner besteht darin, eine flexible Mode auf die Bedürfnisse moderner Frauen und Männer zuzuschneiden. Genau das entspricht dem aktuellen Zeitgeist, weltweit", so formulierte es Calvin Klein einmal in einem Interview. Genau das erklärt den jüngsten Run auf amerikanische Nachwuchs-Talente.

In der Tat scheint diese junge amerikanische Designer-Generation die Verbindung von modernem Design und einer zeitgemäßen Vermarktung auf ideale Weise zu vereinen. Eine Haltung, die dem Zeitgeist der 90er entspricht und also positive Auswirkungen auf den Standort New York als Modemetropole mit sich bringt.

Das war auch der Grund, warum Helmut Lang sich vor eineinhalb Jahren von Paris abwendete und nach New York orientierte. Mit dieser Entscheidung bewies Lang erneut seine Pionierhaltung. Eigentlich ist er schon einen Schritt weiter: Seine Frühjahr/Sommer-Kollektion 1998 inszenierte er als virtuellen Catwalk im Internet. Vielleicht ist das ja der Laufsteg der Zukunft. Jedenfalls würden der Wanderzirkus der Moderne und jede Diskussion um die Bedeutung der einzelnen Modemetropolen überflüssig.

2. Modenschau: Haute Couture in Paris

Ein Bild-Essay von Regina Schmeken

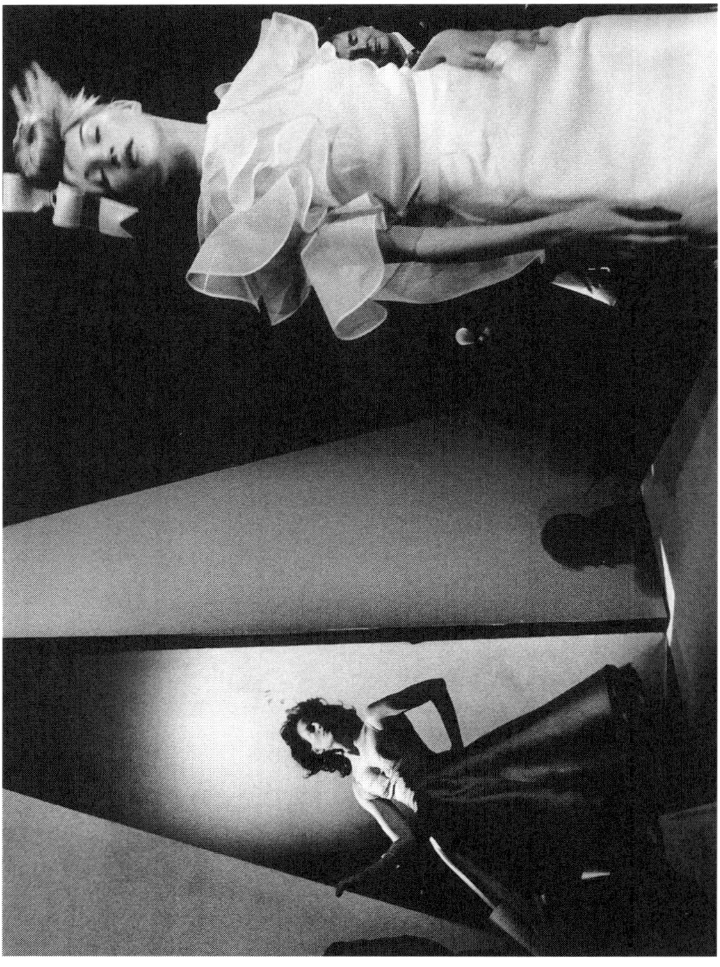

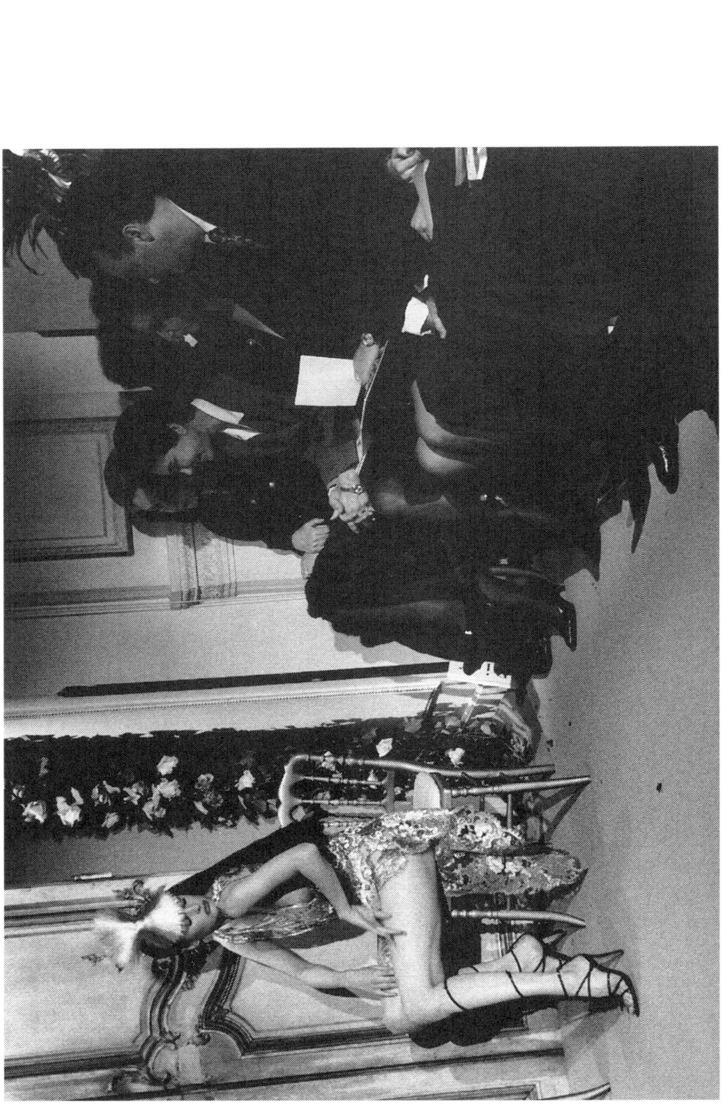

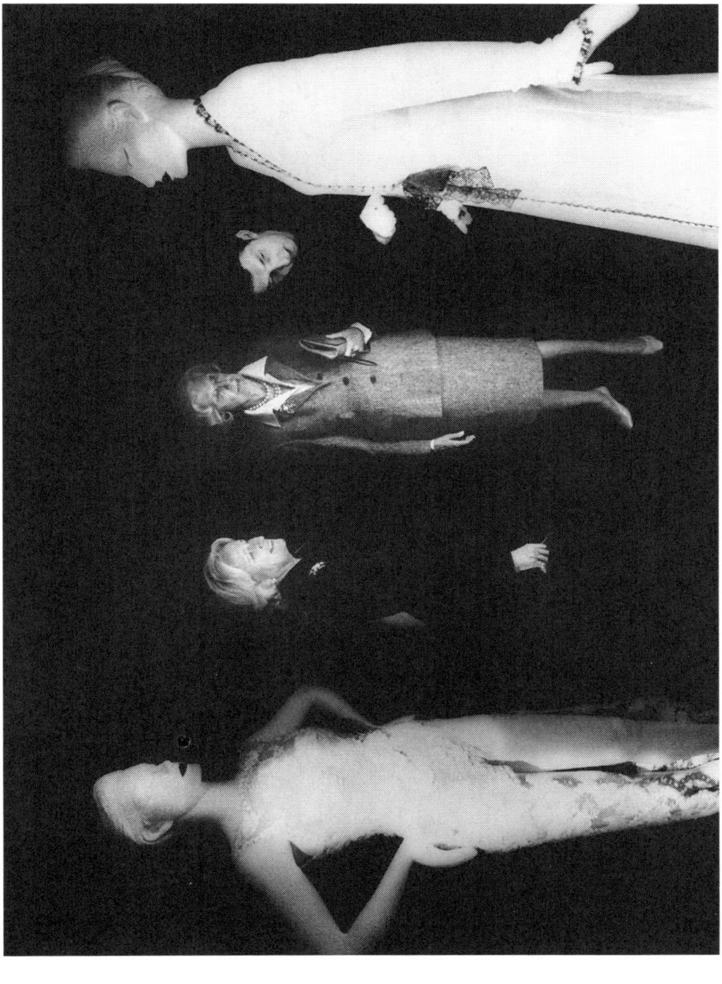

3. Am Millennium – jenseits der Mode Interview mit Suzy Menkes

Von Susanne Becker

Suzy Menkes ist die wichtigste Modejournalistin der Welt. Sie lebt in Paris, als Moderedakteurin der *International Herald Tribune*. Bei den Schauen immer in der ersten Reihe und, so scheint es, immer bei allen Events gleichzeitig, erwartet jeder ihr Urteil, denn das hat Wirkung. Ihre trockenen, aber treffenden Berichte in der *Tribune* und ihre monatliche Rubrik in der *New York Times* zeigen Mode-Insidern, aber auch den Sehnsüchtigen, die gern mal näher dran wären an den Laufstegen der Szene, wo es gerade wieder hingeht in der Mode-Welt.

Suzy Menkes ist Historikerin, hat an der Cambridge University studiert, als freie Journalistin bei etlichen britischen Zeitungen gearbeitet, war sieben Jahre lang Mode-Redakteurin bei der *Times* und ist seit 1988 bei der *Tribune*. Sie hat Bücher unter anderem über den Stil des englischen Königshauses geschrieben („The Royal Jewels", 1985; „Queen and Country", 1992). Der British Fashion Council ernannte sie zur Modekritikerin des Jahres 1998.

Momentaufnahme

BECKER: Welche Stadt ist derzeit die wichtigste für die Mode? Welche interessiert Sie selbst am meisten?

MENKES: Paris ist die interessanteste Stadt für Moderedakteure, denn Paris ist das Mekka ganz unterschiedlicher Designer aus aller Welt. Mich fasziniert besonders der „alternative" Event-Kalender, der neben dem offiziellen Zeitplan der Chambre Syndicale einfach herläuft. Das macht zwar die Abläufe anarchisch, aber es ist doch ganz natürlich, daß drängende, zornige, energische junge Designer so den Status quo aus der Balance und sich selbst nach vorne bringen.

Diese Situation erinnert an die 60er Jahre, als ich meinen Beruf begann und neue Namen wie Saint Laurent, Chloé (designed von Karl Lagerfeld), Kenzo, Dorothée Bis und Emmanuelle Khanh die alte Garde, wie Balenciaga und Chanel, herausforderten. Natür-

1998: Kim Basinger nahm ihren Oscar in Escada-Couture entgegen: Die Oscar-Nacht ist die wichtigste Modenschau jenseits der Schauen.

lich wußte damals noch niemand, welche dieser Namen bleiben würden!

Mailand ist das wichtigste Zentrum für die Produktion von Mode, aber dort haben sich, seit der Armani-Generation, wenig neue Designer-Talente versammelt. Deswegen kreieren viele amerikanische Designer nichtssagende Kollektionen für italienische Hersteller, die gerne selbst eine Marke wären!

New York ist gut im Marketing, aber lange nicht so global und international, wie man erwarten würde. Die Shows dort präsentieren hauptsächlich die Namen kommerzieller Firmen von der Seventh Avenue. Aber New York ist immer eine erfrischende und aufregende Stadt.

BECKER: Es sieht so aus, als würde sich die Modewelt über diese Schauen hinaus neue Laufstege eröffnen – das Fernsehen, die Treppe in Cannes, die Oscar-Nacht. Sie haben selbst mal geschrieben: „High Fashion's Future? Watch that screen!" Welche Rolle spielen diese Medien-Events – und haben sie wirklich Zukunft für die Mode?

Die Treppe in Cannes
Allabendlich während der Filmfestspiele in Cannes steigen die Filmstars über eine hohe Treppe in den Kino-Olymp zur glanzvollen Premiere ihres Films: Ein Auftritt vor 200 Kameras und damit vor einem Millionenpublikum in aller Welt, ein Auftritt auch für die Mode-Designer, die sich gegenseitig überbieten, um die Stars für diesen Moment anzuziehen. Und: ein Ort fürs große Drama jenseits der Leinwand. Als zur Eröffnung der Festspiele 1997 Bruce Willis zwischen Demi Moore und Milla Jovovich an der Treppe posierte, gab es beinahe Krach: Moore, wie eine amerikanische Diva in eine enorme rote Robe gehüllt, war empört über das elaborate Fast-Nichts aus Gallianos Cleopatra-Kollektion, das Jovovich, die Filmpartnerin ihres Ehemannes, sich zur Premiere umgekettet hatte. Bruce sorgte für ein Happy-End: Er küßte seine Demi so lange, bis sie wieder strahlte – und bis alle Photographen *dieses* Bild hatten.

MENKES: Wenn Sie den neuen Wandel in der Modewelt genau verfolgen, so finden Sie vielleicht einen Zusammenhang mit der Verbreitung des Kabelfernsehens in den späten 80ern. Kleine Sender auf der ganzen Welt mit wenig Geld entdeckten plötzlich, daß Modeschauen sich ideal zum Füllen von Sendezeit eignen: keine Sprachprobleme, Musik, schöne Models. Wohin man auch reist,

Oscar-Nacht
Die Oscar-Nacht in Hollywood ist nicht nur das wichtigste Spektakel für die gesamte Unterhaltungsindustrie, sondern auch die größte Modenschau jenseits der Schauen. Internationale Blätter von *Gala* bis *New Zealand Women's Day* zehren das ganze Jahr mit immer neuen Kommentaren davon, wer was trug. Wer für den Oscar nominiert ist, wird von Designern umworben – und wer ihn gewinnt sichert dem dazu getragenen „Sieger-Label" Prestige und mehr. So wurde z. B. das maßgeschneiderte, lindgrüne Seidenkleid von Escada Couture, in dem Kim Basinger 1998 ihren Oscar abholte, in allen Escada-Boutiquen von München bis Hollywood zum meistgefragten Abendkleid. Natürlich hatte Chefdirectrice Gabriele Schmidt das Kleid der Basinger sozusagen direkt von Hand auf den Leib genäht, und zwar noch bis wenige Minuten vor dem Auftritt – aber für die nach Glamour strebenden Kundinnen gab es bald ein ähnliches Modell. – Und für alle, die es wirklich ernst meinen, es sich aber nicht leisten können, gibt es in Kalifornien und London die „OscarWatch Collection" zu kaufen – ausgewählte Imitate von ABS (Allen Bruce Schwartz).

von Prag bis Singapur, überall findet man Modeschauen im Fernsehen – oftmals sind sie längst überholt.
Ich glaube, daß damit das Kabelfernsehen aus den Models Stars gemacht hat. Da keiner die Kleider identifizierte oder kommentierte, wurden die Models die Konstanten in den Modesendungen. Gleichzeitig herrschte allgemein ein Hunger nach Glamour in einer düsteren Welt. Und Models sind perfekt! Sie sprechen nie! Sie sind einfach Accessoires von Johnny Depp oder Rockstars! Sie sind die Stummfilmstars unserer Zeit.
Aber ich glaube nicht, daß der ganze Oscar/Cannes Film Festival-Zauber von Bestand sein wird. Das ist so schreiend kommerziell! Diese ganzen Roben werden von den Designern frei angeboten. Genau wie Gwyneth Paltrow oder sonstwer in die erste Reihe einer Modenschau eingeladen wird. Das ringt uns Mode-Redakteuren nur noch ein müdes Gähnen ab. Und sobald es alle Designer tun, brauchen sie einen neuen Marketing-Trick!

„Jenseits der Mode"

BECKER: Yves Saint Laurent hat vor dem Endspiel der Fußball-WM in Paris 1998 eine gigantische Modenschau im Stadion inszeniert – ein spannendes Ereignis „jenseits der Mode", schrieben Sie dazu. Wird das Sportfeld auch ein neuer Ort für die Mode? Schließlich haben Sport und Mode einiges gemeinsam: zum Beispiel die Möglichkeit, als internationales Medium nationalen Stolz zu vermitteln.

MENKES: Das ganze Thema mit diesen Sportstars, die bestimmte Marken unterstützen, ist völlig kommerziell und zynisch geworden. Die YSL-Modenschau bei der Weltmeisterschaft war eine Ausnahme. Aber es war interessant zu entdecken, daß in Amerika – wo man Fußball nicht so ernst nimmt – die YSL-Show zumeist gar nicht ausgestrahlt wurde: mit der Begründung, daß Sportfans nicht an Mode interessiert seien!

BECKER: Was erwartet uns denn sonst noch „jenseits der Mode"? Zum Beispiel nach den Supermodels?

MENKES: Ich persönlich glaube, daß das ganze Berühmtheiten-Promotion und Supermodel-Zeug völlig übers Ziel hinaus geschossen ist. Es macht aus der Mode einen *Zuschauer-Sport*. Und das ist

YSL erprobt die Romanze von Sport und Mode mit einem gigantischen Defilee vor dem Endspiel der Fußball-WM 1998 in Paris (Frankreich–Brasilien 3:1).

die Ursache der derzeitigen Malaise. Obwohl die Mode in der Öffentlichkeit besser dasteht als je zuvor: Wenn es ans Kaufen geht, dann haben Frauen (und vielleicht auch Männer) das Gefühl, daß Mode ihnen nichts zu bieten hat. Ich würde gerne mal Zahlen sehen, die beweisen, wie es sich im Verkauf eines Kleides niederschlägt, daß ein Star es getragen hat.

BECKER: Aus welcher Welt jenseits der Mode kommen jetzt die interessantesten Anstöße für die Modewelt?

MENKES: Trotz all des überflüssigen Drumherums ist der *Einfluß des Sports* ganz wichtig. Besonders Gewebe wie Stretch und Techno Nylon, die ursprünglich für den Sport entwickelt wurden, haben heute *den größten Einfluß* auf die Mode.

BECKER: Sie mochten Robert Altmans Film „Prêt-à-Porter“ nicht so besonders. Welche Rolle spielte dieser Film für die Mode-Welt?

MENKES: Robert Altmans Film hat in keiner Weise die Leidenschaft, den Spaß und die surreale Qualität der Mode eingefangen. „Funny Face“ dagegen ist gerade das gelungen, deswegen ist der Film ein Klassiker geworden.

BECKER: Ist das Verhältnis von Mode und Film seit „Funny Face“

Kino und Mode: „Prêt-à-Porter“ unter der Regie von Robert Altman, 1994

Regisseur Robert Altman, Hollywoods liebster Außenseiter, nannte diesen Film seine Liebeserklärung an die Modewelt, die er, sooft er nur konnte, zu den Pariser Schauen besuchte: Seine wie immer mit den größten Hollywood-Stars besetzte Komödie erzählt verwobene Stories rund um die Prêt-à-Porter Schauen in Paris, wobei Ähnlichkeiten mit wirklichen Persönlichkeiten der Mode-Szene (auch Suzy Menkes, natürlich!) nicht nur beabsichtigt, sondern so offensichtlich sind, daß sich mancher auf die Füße getreten fühlte (Karl Lagerfeld!): Wie immer bei Altman, werden Eitelkeiten und andere menschliche Schwächen schonungslos offengelegt. Dafür hat er einen erfrischenden Dialog zwischen Film- und Modeliebhabern der 90er ausgelöst...

mit Audrey Hepburn anders geworden? Welche Rolle spielt es, wenn Madonna als Evita eine bestimmte Marke trägt? Welche Auswirkungen auf die Mode haben die großen Film-Designs einer Sandy Powell? Welche Wechselwirkungen sehen Sie zwischen Mode und Film?

MENKES: Ich bin ganz und gar nicht davon überzeugt, daß es eine symbiotische Beziehung zwischen Mode und Film gibt. Es poliert einfach das Ego des Designers, wenn er sieht, daß Madonna & Co seine Kleider tragen. Aber wer ist wegen „Der englische Patient“ im kolonialen Chic herumgelaufen? Hat man junge Frauen auf der Straße in Krinolinen aus „Das Piano“ gesehen?

Andererseits glaube ich, daß die wenigen Schauspieler und Schauspielerinnen, die von Natur aus Stil besitzen, die Mode beeinflussen – z.B. Katherine Hepburn mit ihren adretten Hemden und ihrer männlichen Freizeitkleidung. Und manchmal trifft ein Film auch genau den Moment – wie Brigitte Bardot in ihrem Gingham in „Viva Maria“ (1965).

Ich denke, daß Sandy Powell brillant ist – besonders in „Die Flügel der Taube“. Aber sie hat keinen wirklichen Einfluß auf die Mode. Und die Verbindung von Mode und Film hat sich in dem Sinne gar nicht sehr verändert. Die ganzen Leinwand-Idole der 30er Jahre wurden damals schon nach Strich und Faden kopiert: Haare, Kleider, alles!

Oscars 1999: Gwyneth Paltrow erhielt den Oscar für ihre Rolle als Shakespeares Muse und Sandy Powell für die Ausstattung des opulenten Box-Office-Hits „Shakespeare in Love".

Die Welt, das Kleid und die Kritikerin

BECKER: Wie erinnern Sie sich an Ihre erste Modenschau?

MENKES: Meine erste Modenschau: Ich wurde 1962 zu einer Chanel Couture-Show für Kunden (diese Shows liefen damals immer einen Tag nach der Haupt-Show) mitgenommen. Ich war an der Guerre-Lavigne-Modeschule in Paris und lebte bei einer vornehmen russischen Emigranten-Familie. Madame nahm mich mit, und ich fand es wunderbar aufregend und glamourös.

BECKER: Welche Momente der Modewelt haben Sie wirklich aufgeregt oder besonders interessiert?

MENKES: Meine Lieblingsshows sind sicherlich dieselben wie die vieler Kolleginnen und Kollegen: Courrèges' „Going to the Moon", Yves Saint Laurents androgyne Kollektion, Carmen Miranda, Ballets Russes und viele andere; Ossie Clark in den 1960ern, Kenzo im Zelt an der Place des Victoires, Chloés fließende Kleider, Zandra Rhodes' Punk de Luxe, Vivienne Westwoods Piraten etc.; die ersten Mugler- und Montana-Shows mit breiten Schultern um 1977. Die frühen Comme des Garçons um

Sandy Powell
Wenn Sandy Powell (geb. 1960 in London) einen Film ausstattet, dann ist es ganz sicher, daß man die Kostüme nicht vergißt. 1997 hat sie für das Jahrhundertwende-Drama „Die Flügel der Taube" Helena Bonham Carter in dekadente venezianische Roben gehüllt und 1998 für Todd Haynes' Film „Velvet Goldmine" über die exzentrische Rock-Szene der 1970er spektakuläre Glam Rock Outfits kreiert. Der Absolventin der Saint Martins Modeschule in London gelingt es, genau recherchierte historische Kostüme mit Vorstellungen des heutigen Kinopublikums zu verbinden und den Filmen eine mehr athmosphärische, sinnliche Authentizität zu geben: ein typisches Erfolgsgeheimnis der 90er Jahre. Die meisten ihrer 20 Filme in zwölf Jahren hat sie zunächst für Derek Jarman (z. B. „Caravaggio" 1986), dann für Neil Jordan ausgestattet (z. B. „The Crying Game" 1992 und „Interview with a Vampire" 1994). 1999 wurde ihre Ausstattung von „Shakespeare in Love" mit dem Oskar geadelt.

1981 im Kontrast zu Azzedine Alaïas sexistischer Vision, Armanis weiche Linie, Gallianos Abschlußarbeit „Les Incroyables", und viele andere, Lacroix' Lebensfreude, Chanels 1980er Glitz, Romeo Giglis Poesie, Pradas häßliche Ästhetik, die die 90er Jahre prägt. All das sind Mode-Momente, wie wir sagen. Der letzte war Alexander McQueens moderner Romantik-Look für Frühjahr/ Sommer 1999.

Der Millennium-Look

MENKES: Wenn ich wüßte, was der Millennium-Look ist, würde ich viel Geld damit verdienen, ihn zu designen! Ich gehe von dem Grundgedanken aus, daß wir es jetzt mit einer postfeministischen Generation zu tun haben. Einige Frauen scheinen sich wieder nach Weiblichkeit zu sehnen, die in der androgynen Ära absichtlich verleugnet wurde.

Aber wenn es einen dramatischen Durchbruch gibt, dann durch die Technologie. Ich habe schon licht- und hitzeempfindliche Stoffe gesehen, die wie ein menscheneigenes Warnsystem entwickelt wurden, um uns vor den Gefahren von Sonnenstrahlen oder Unterkühlung zu schützen.

Und was für eine großartige Idee, einen Stoff zu tragen, der die Farbe wechselt, wenn sich Ihre Laune ändert!

Filmfestspiele 1999: Die Stars an der Treppe in Cannes kamen nicht aus der Filmkunst, sondern aus der Modeindustrie. Laetitia Casta, die Milleniums-Schönheit der Franzosen, trat auf für L'Oréal (Sponsoren des Filmfestivals seit 1998).

Accessoire: „Dessous, deutsche"

Von Birgit Vanderbeke

Sprache ist magisch. Das weiß jeder. Einen Mann zu kriegen, den man will, ist manchmal gar nicht so einfach. Das weiß ebenfalls jeder. Jede Frau jedenfalls. Es steht in jeder Frauenzeitschrift, und ganze Branchen leben fröhlich von dem Dilemma.

Daß es hingegen sehr viel schwieriger sein kann, einen Mann, den man nicht mehr will, auf halbwegs zivile Weise wieder loszukriegen, wird über das obige konsumintensive Problem regelmäßig vergessen. Die Folge dieses Versäumnisses ist das traditionelle Trennungsdrama: Dauerdiskussionen, Ratlosigkeit, Übermüdung, Tränen, Therapiekosten usw. Äußerst unschön. Jedoch vermeidbar: mit ein wenig Sprachgefühl. Denn daß Sprache magisch ist, weiß zwar jeder, aber den wenigsten ist bewußt, daß die deutsche Sprache sozusagen sprachlich einen interessanten Sonderweg geht – den der magischen Inversion.

Lassen Sie mich diese rhetorische Figur an einem Beispiel erläutern: Sie sitzen in einem Restaurant. Sie würden gern einen Salat essen. Sie lesen in der Speisekarte: „Knackiger Salat mit leckeren Putenbruststreifen". Sofern Ihr Sprachgefühl auch nur halbwegs intakt ist, werden Sie den Salat auf ein anderes Mal verschieben, weil sie wissen, daß sich hinter dem obszönen Begriff „knackig" geschmacksfreier Eisbergsalat aus dem Treibhaus verbirgt und Putenbrust eine Art Fleischersatz ist, der schmeckt wie Styropor.

Die unvergleichliche Fähigkeit der deutschen Sprache einem genußwilligen Menschen den Appetit zu verderben, kannten intuitiv unsere Mütter, und nicht wenige unter ihnen sind durch konsequente Benutzung magischer Inversion (in Kombination mit Lockenwicklern und Kittelschürzen) erfolgreich ihre Männer losgeworden, denn wie sie appetitverderbend anwendbar ist, so kann die deutsche Sprache auch als Liebestöter eingesetzt werden, metaphorisch gesprochen gewissermaßen als Radlerhose Größe 46.

Eine Umfrage unter den männlichen Mitgliedern unserer Redaktion hat ergeben, daß ein Zauberwort magischer Inversion als weibliche Wunderwaffe schon bei sparsamer Anwendung wirkt, und zwar da, wo Männer zu treffen sind: unter der Gürtellinie. Daher unser Rat für den Bedarfsfall: Sagen Sie hin und wieder einen Satz mit dem Wort „Schlüpfer". Es wird zu neunzig Prozent funktionieren. Bei den restlichen zehn handelt es sich um besonders harthörige Fälle. Dagegen hilft leider nur eins: Kaufen Sie sich einen.

IV

DES MIEDERS MACHT

1. Karlheinz und die Juwelenbecher: der Aufstieg der Unterwäsche

Von Axel Botur

Beim Strapsgürtel machte Mastroianni schlapp. Sophia Lorens Striptease in Robert Altmans Modesatire „Prêt-à-Porter" (1994) begann voller Verheißung und war letztlich doch eine Balz ins Leere. Filmpartner Marcello Mastroianni schnarchte sich nach dem zweiten Seidenstrumpf davon. Das konnten ihm männliche Kinobesucher nie verzeihen. Und auch Sophia beschied dem Dahingeschlafenen, die Lebendigkeit einer Leiche zu haben. Die Spielszene gab es schon einmal. Im Film „Gestern, heute, morgen" (1963) allerdings zeigte sich Mastroianni von Sophias Verführungskünsten begeisterter. Was also war in der Zwischenzeit passiert? Die Frau zu alt, die Nacht zu lau, der Mann zu schlapp? Die Zeremonie zu lang, die Dessous zu antiquiert? Hätte Sophia ihren Marcello in einer Feinripp-Kombination von Calvin Klein gekriegt?

Dabei ist die erste Unterwäsche, die einem menschlichen Wesen angelegt wird, noch eine Ewigkeit von gegenseitiger Stimulanz entfernt. Sie erfüllt einzig und allein eine praktische Funktion. Kaum ist die Nabelschnur durch, hängt der Neuankömmling in der Windel. Fortan wird er nie mehr ohne Bekleidung sein. Pampers und Fixies als Baby-Couturiers. Während einst noch auswaschbare Unisex-Lappen auffingen, was die Kleinen von sich gaben, überschwemmt heute die Industrie mit streng nach Geschlecht und Gewichtsklasse getrennten Modellen den Markt. Die Tragegewohnheit entspricht der eines Pariser Haute Couture-Kleides. Einmal angehabt und dann weg.

„Frauen tragen Dessous, Männer tragen nur Unterwäsche." Mit dieser These der Psychoanalytikerin Eugénie Lemoine-Luccioni leitet Farid Chenoune ihr Buch *Dessous – Ein Jahrhundert Wäschekult* ein. Frauen müssen verkaufen, Männer kaufen. Sie packt ein, er packt aus. In den 90ern dann verwischt die strikte Trennung der Geschlechter. Frauen dürfen Karriere machen, Männer dürfen weinen. Bisexualität ist schick – jemand wie Wolfgang Joop mag sich nur ungern auf die eine Hälfte der Menschheit beschränken. Wäschestücke werden zur Oberbekleidung, aus Sportswear werden

Dessous. Heißa, wir stellen die Welt auf den Kopf! Und mittenhinein platzt 1998 die Wunderpille Viagra und integriert die „Mensch, ärgere dich nicht!"-Generation wieder ins volle Leben.

Für Feministinnen war auch schon 1994 kein gutes Jahr. In den späten 60ern verbrannten sie noch öffentlich ihre BHs und propagierten damit den freien Fall für freie Brüste. Und nun das. „Schau mir in die Augen ... in die Augen habe ich gesagt", befahl Supermodel Eva Herzigova den Betrachtern aus den Anzeigenseiten heraus. Natürlich ist dieser Aufforderung niemand gefolgt. Nur völlig abgeklärte Typen haben nähere Kenntnisse über die Augenfarbe der gebürtigen Tschechin. Denn in Wahrheit übernahm sie, ihrem Vornamen alle Ehre erweisend, die Rolle der Verführerin und pries vollbusig die Vorzüge des Wonderbras. Die Konstruktion der Firma Playtex zurrt die Brust am Dekolleté nach oben und läßt sie praller wirken. „Push ups" heißen diese BHs, die eigentlich schon in den 70er Jahren auf den Markt kamen. Nur wollte sie damals keiner tragen.

Der Busen ist an der Schwelle zum neuen Jahrtausend wieder dicker im Geschäft, dem Hungerhäkchen Kate Moss mit ihren flachbrüstigen Kolleginnen zum Trotz. Ein soziologisches Gesetz besagt, daß die Größe des Busens sich umgekehrt proportional zur wirtschaftlichen Konjunktur verhält. Geht's uns gut, mögen wir die kleinen Größen. Bauen wir ab, wollen wir die Kleinen ganz groß. Twiggy ist der Himmel, Lolo Ferrari das Inferno. Der neuen Lust am Busen widmete die deutsche *GQ* die Aufmachergeschichte ihrer April-Ausgabe 1999 und ließ sich munter über Formen, Umfänge und historische Entwicklung aus. Auch die sich ewig Zierenden entblättern sich jetzt für den Playboy. Eislaufstar Katarina Witt erlag im Dezember 1998 den jahrelangen Werbeversuchen und stellte ihr Intimstes aus. Kaum ein Busen, den wir noch nicht kennen. Selbst das Computermädchen Lara Croft ließ schon virtuell die Hüllen fallen. Zu Beginn des neuen Jahrtausends werden wieder einmal BHs „verbrannt".

Dabei ist der weibliche Busen längst entmystifiziert. Was schon in den späten 60ern als „Nude-Look" von Designern wie Yves Saint Laurent vorgeführt wurde, die nackte Haut unter Transparenz, kehrt in den 90ern auf die Laufstege zurück. Nur der Skandal von damals bleibt aus. Weil heute ohnehin niemand davon ausgeht, daß so etwas jemals getragen werden soll.

Nur selten keimt noch Protest auf. In Paris formierte sich im April 1999 ein feministischer Demonstrationszug, der auf das Kaufhaus Galeries Lafayette zusteuerte. Hier hatten es sich hübsche junge Mädchen in den Schaufenstern gemütlich gemacht. Und trugen Dessous. Es kam dabei zu keinen unzüchtigen Handlungen. Man lümmelte und parlierte so vor sich hin. Und der Pariser lümmelte ein wenig mit, draußen, auf der anderen Seite des Glases. Einige Damen entdeckten dagegen in den ausgestellten Körpern die einstigen Feindbilder aus frauenbewegten Zeiten wieder. Sie rüsteten zum Kampf. Sogar zwei Ministerinnen protestierten gegen diesen „Verstoß gegen die Würde der Frauen". Am Ende gab es nur Gewinner. Das Kaufhaus hatte die erhoffte Gratiswerbung, und die Bewegung zeigte, daß noch Leben in ihr steckt.

Wenn Männer die Hose runterlassen, dann sehen Frauen „Karlheinz". Der Feinripp-Klassiker mit Seiteneingriff gilt als der VW-Käfer der Männerwäsche: Er läuft und läuft und läuft. Frau läuft bei seinem Anblick am liebsten davon. „Karlheinz" erhielt seinen Namen von der Fachzeitschrift *TextilWirtschaft* und gehört in die Gruppe der geächteten Bekleidungselemente, bei denen sich jeder Ästhet vor Schmerzen auf dem Boden windet. Was aber gut 40 Prozent der Männer nicht daran hindert, die knapp 30 Mark, die sie pro Jahr für ihre Leibwäsche ausgeben, in „Karlheinz" zu investieren. Die Anhängerschaft steigt mit wachsendem Alter. Etwa ab 45, rechnet die Branche, ist modisch orientierte Unterwäsche für Männer kein Thema mehr. Allein die Funktion zählt noch. „Karlheinz" ist umgeben von einer Gruppe Gleichgesinnter: Von „Vati", der weißen Tennissocke, „Manni", dem Goldkettchen, und Wolfgang Petry, dem Schlagersänger. Wobei Statistiken zur Frage, wieviele „Karlheinz"-Träger gleichzeitig Besitzer von Wolfgang Petry-CDs sind, noch ausstehen.

Feinripp an maskulinen Körperformen – das Thema beschäftigt im Zeitalter der Nachmittags-Talkshows vor allem den Teil der Nation, der an einem ganz normalen Wochentag um 14.00 Uhr nicht/nicht mehr/noch nicht arbeitet und somit den Kopf frei hat für die wahren Fragen des Lebens. Etwa die, ob es nicht doch möglich ist, in „Karlheinz" eine modische Granate zu sehen. Möglich ist es, mutmaßte der amerikanische Designer Calvin Klein Anfang der 80er Jahre und startete eine über zehn Jahre lange Beweiskette. Seine willigen Helfershelfer waren die Modephotographen Bruce Weber und Steven Meisel. Weber lichtete zunächst statuenhafte Beaus in weißen gerippten Unterhosen ab. Die baumelten natürlich nicht wie eine Pampers kurz vor der Entleerung um die Lenden, sondern wurden von einem elastischen Gummiband am gestählten Becken gehalten. Darauf läßt sich prima „Calvin Klein" sticken, dachte man sich und tat es. So etwas liebte die markenhörige Yuppie-Generation jener Zeit natürlich und trug fortan die über den Shorts liegende Hose auf der Hüfte. Jeder sollte den Schriftzug lesen.

Anfang der 90er erweiterte Klein die ohnehin schon erfolgreiche Formel Designershorts plus knackiger Körper um den Summanden Prominenz. Als er sah, daß der Rapper Marky Mark auf der Bühne die Hosen fallen ließ, um nur noch in seinen weißen „Calvins" dazustehen, verpflichtete er ihn für die neue Anzeigenkampagne. Steven Meisel setzte den Musiker in die richtigen Posen. Und die Designer-Unterwäsche trat ihren Siegeszug an.

1993 schickte sich dann ein gesamtdeutsches Projekt an, die unterste Schicht der Männerkleidung zu revolutionieren. Aus Produktionstechnik Ost, in Form des früheren VEB Trikotex, und Knowhow West, in Gestalt des Marketingprofis Wolfgang Jassner, entstand mit Bruno Banani eine Kampfansage an „Karlheinz". Bruno Banani klingt so italienisch, daß jeder Modeinsider sofort ahnt, daß das Produkt hinter dem Namen mit Sicherheit aus der deutschen Provinz kommen muß. Im Fall Banani heißt die Provinz Mittelbach und liegt in Sachsen. Und italienische Namen, das wußte auch die schwäbische Agentur Stoll & Fischbach, die den Auftritt der Marke kreierte, verhelfen Textilien zum Turbo-Start in die Konsumlandschaft. In kaum fünf Jahren hängte Bruno Banani die ge-

Unterhose
Bis ins 19. Jahrhundert hinein ist die Unterhose des Mannes ein Kleidungsstück mit vielen ungeklärten Fragen. Die Ägypter im Altertum trugen einen Schurz und vermutlich nichts darunter. Die Römer führten ein Tuch durch die Beine – das Subligaculum – und knoteten es um die Hüfte. Noch aus der Bronzezeit kommt die Bruch, eine aus einem Schamtuch entstandene Form, die in Verbindung mit Strümpfen im 15. Jahrhundert zur Strumpfhose wird. Im 19. Jahrhundert mag es Mann zunächst knie-, später auch knöchellang. Vorderschlitz und Oberschenkellänge dominieren nach dem Ersten Weltkrieg. In den späten 50er Jahren schließlich tritt die beinlose Form auf.

„Drunter" und „Drüber" tauschen die Rollen und führen zu einer gewagten Interpretation des Business-Looks. Dolce & Gabbana Kollektion Herbst/Winter 1992/93.

samte Konkurrenz ab und setzte sich an die Spitze des Marktes. Mit limitierten Auflagen, die nur für wenige Wochen in den Wäscheregalen auslagen, schaffte das Unternehmen zusätzliche Kaufreize und machte die Unterhose zum Kunstobjekt und Sammlerstück. Das hatte die Branche bisher nur bei Gianni Versaces schrillen Seidendrucken erlebt.

Allerdings war Versace nicht der erste Designer, der mit Fetischartikeln in der Mode experimentierte. Dafür schaffte er vielleicht die größten Sprünge. Für seinen Herbst/Winter-Katalog der Saison 1991/92 posierten Frauen mit schenkelhohen Lackstiefeln und Reitpeitsche. Im Sommer 1994 waren daraus Seidenstrümpfe mit Spitzeneinsätzen und unschuldige Unterkleidchen geworden. Die Fans liebten ihn für diese Brüche.

Auch andere befreiten die weibliche Intimwäsche aus ihrer unterlagigen Position und integrierten sie in die Oberbekleidung: Mailands Designerduo Dolce & Gabbana, Englands Barock-Punkerin Vivienne Westwood, Frankreichs verrückt-genialer Schneider Jean

Paul Gaultier und der Tunesier Azzedine Alaïa. Es begann in der zweiten Hälfte der 80er Jahre, als sich kaum ein Kleidermacher mit Fragen der Tragbarkeit und Verkäuflichkeit beschäftigten mußte. Die Kundin war zu fast allen Capricen bereit. Nach guten Defilees stand das Publikum johlend auf den Stühlen und skandierte die Namen der Designer. Es war eine gute Zeit, deren Ende allerdings schon in Sicht war.

Domenico Dolce und Stefano Gabbana hatten sich gerade entschlossen, als Dolce & Gabbana Modegeschichte zu schreiben. Und mit ihnen tauchte ein Begriff in Mailands Modeszene auf, den man hier gewohnt war, unter viel Beige und noch mehr Klassik zu verbergen: die pralle Weiblichkeit. BH und Mieder, Korsetts und schwarze Strümpfe erhoben sie zu Basisteilen ihrer Mode und widersetzten sich deren zugedachter Funktion. Das Geheimnisvolle wurde in die Alltäglichkeit gezogen. Vor allem schwarz waren ihre Dessous, schwarz wie die Kleider sizilianischer Mütter, dem modischen Leitbild der beiden Designer. Nur ging bei Dolce & Gabbana „la mamma" nebenbei ein bißchen anschaffen. „Die Brust beinhaltet alles, Vergnügen, Sex, Leben. Der Büstenhalter ist ein Juwelenbecher, der den kostbarsten Körperteil einer Frau schützt. Wir mögen keine dünnen Frauen, wir lieben Frauen, an denen etwas dran ist. Wir lieben Frauen mit Kurven, Brüsten, Taille und Hüften", sagte Stefano Gabbana.

Vivienne Westwoods Mode erweckte anfangs den Eindruck, deren Macherin strebe eine langjährige Karriere im britischen Strafvollzug an. Schon früh erkannte sie das umstürzlerische Potential von Bekeidung. Zusammen mit ihrem damaligen Partner Malcolm McLaren verhökerte sie 1974 Hardcore-Wäsche aus Latex und Leder in einem Laden namens „Sex" und erfand danach den Punk in der Mode. Die Punk-Bewegung raubte der Unterwäsche die Unschuld und stellte sie provozierend zur Schau, noch bevor die Designer die Idee adaptierten. Als Vivienne Westwood dann mit historischen Revivals über die Modewelt herfiel, quetschten sich ihre Models in atem(be)raubende Korsetts.

Madonna reizte die Sittenwächter der internationalen Konzertbühnen 1990, als sie während ihrer „Blond Ambition World Tour" in einem goldenen Korsett und schwarzen Netzstrümpfen über die Bretter tobte. Damit erteilte sie der Frivolität die Absolution. Denn was immer der stilistisch wandelbare Popstar modisch zelebrierte,

Tyra Banks in Unterwäsche auf dem Catwalk im Netz: das Internet-Event schlechthin.

wurde Gesetz der Straße. Nachdem sie sich im Sportstadion auf die Kissen warf und – „Like a Virgin" – zwischen die Beine griff, wurde weibliche Masturbation als Gesprächsthema salonfähig. Von Jean Paul Gaultier, der schon in den frühen 80er Jahren Korsetts in seine Mode integriert hatte, stammte Madonnas Wäsche-Outfit.

Kollege Thierry Mugler schickte 1989 den Kühlern von Cadillacs nachempfundene Metallbustiers über den Laufsteg. Azzedine Alaïa, der nur seinen eigenen Modegesetzen gehorcht (eine Kollektion ist fertig, wenn sie fertig ist, und nicht dann, wenn zufällig gerade Messezeit ist), erkannte, daß Pullover besser fallen, wenn sie mit einem Höschen kombiniert sind. Voilà, der Body arbeitete sich bis zur Oberbekleidung durch.

Mittlerweile hat der Designer seinen Halbgott-Status verloren und sucht seine neue Rolle als Dienstleister. Statt halbjährlich zum Diktat zu bitten, muß er herausfinden, was die Kunden wirklich wollen. Das gibt dem Traumjob einen faden Beigeschmack. Wenn

Im Cyberspace der Mode
Anfang Februar 1999 feierte der Dessous-Hersteller Victoria's Secret seinen Börsengang mit einer Show der neuen Kollektion im Internet. Victoria's Secret-Shows und -Kataloge waren schon immer das Sprungbrett für erfolgreiche Modelkarrieren. Auf dem Internet-Catwalk präsentierten also Top-Models wie Tyra Banks und Heidi Klum raffinierte Dessous, winzige Stoffteile und viel nackte Haut. Das zog. Die 17-Minuten-Wäsche-Show wurde das größte Internet-Ereignis in der Geschichte des jungen Mediums: Zwei Millionen versuchten gleichzeitig, sich einzuklicken. Jetzt schwebt die Frage im Raum, ob man für solche Shows nicht gleich virtuelle Wesen wie Lara Croft, die ideal-formatierte Heldin des Cyber-Spiels „Tomb Raider", einsetzen sollte – Frauen aus Pixel und Bytes sind doch perfekter und noch erfolgversprechender als solche aus Fleisch und Blut.

Frau und Mann auf einmal alles tragen dürfen, dann heißt das auch, daß sie nichts mehr kaufen müssen. Schwer ist der Beruf. Schließlich sind alle modischen Grundformen bereits erfunden. Und es gilt eher als unwahrscheinlich, daß Frau in Zukunft eine dritte Brust auf dem Rücken trägt oder beim Mann Schritt und Gesäß die Seiten wechseln. Also werkelt die Branche kräftig am Material. Für das Darüber wie auch für das Darunter. Antibakteriell oder UV-abstoßend soll die neue Wäsche sein. Das freut zumindest die Gesundheitsämter. Denn mit der Schutzfunktion bekommt die Wäsche ihre ursprüngliche Aufgabe zurück. Nicht nur für die darüberliegende Kleidung, sondern auch für die Haut. Hätte Michael Douglas auch nur einen Augenblick über den Hygiene-Aspekt nachgedacht, als Sharon Stone die Beine kreuzte und kein Höschen trug, wäre aus „Basic Instinct" alles andere als ein Erotik-Thriller geworden. Mittlerweile gibt es sogar Wäsche mit Massageeffekten zur Anregung des Blutkreislaufes. Früher dachten die Männer noch, dafür wären eigentlich sie zuständig. High Tech bedeckt inzwischen die menschliche Haut, die Dessous müssen ihren ersten Test im Windkanal bestehen.

2. Körper und Cover: Mode und Geschlecht

Von Gertrud Lehnert

Do we truly need a true sex?
(Michel Foucault)

Mode ist nicht Ausdruck von Geschlecht – sie schafft Geschlecht. Wenn wir uns anziehen, machen wir in aller Regel unsere anatomischen Geschlechtsmerkmale unsichtbar und ersetzen sie durch fiktive: durch Hosen oder Röcke, durch breite oder schmale Schultern, durch schlanke (geschnürte) Taillen oder breite (gepolsterte) Hüften (vgl. Hirschauer, 1993). Nichts davon bildet den anatomischen Körper ab. Vielmehr stellen diese modischen Elemente Geschlechterzeichen dar, die sich zu Geschlechterbildern zusammenfügen. Diese unterliegen zwar dem historischen Wandel, aber sie sind doch zu bestimmten Zeiten in der Regel mehr oder weniger klar definiert. Den Geschlechterzeichen ordnen sich die menschlichen Körper unter – manchmal widersprechen sie ihnen auch.

Der lebenslängliche Prozeß der Identitätsbildung entfaltet sich als Oszillation zwischen jenen kulturell vorgegebenen Körperbildern und der konkreten Körpererfahrung der Individuen. Die konkrete Körpererfahrung ist nichts Ursprüngliches, sie ist mithin niemals unabhängig von den kulturellen Vorgaben; sie wird vielmehr von ihnen geprägt, prägt sie aber umgekehrt ebenfalls. Identität, zumal die geschlechtliche, ist folglich niemals einfach „gegeben", sondern immer eine Inszenierung im Sinne einer Verkörperung kulturell dominanter Bilder, die durch die Art, wie jemand redet, sich kleidet, sich benimmt, auch wie er denkt oder fühlt, bestätigt und zugleich verändert werden (vgl. Lauretis, 1987; Butler, 1991). Dabei wird der Körper manchmal zum Komplizen gemacht – wenn beispielsweise bestimmte Sportarten und Diäten dazu beitragen, die Körpersilhouetten zu erzeugen, die in der Mode gerade „in" sind, oder durch Moden, die den lebenden Körper gleichsam versehren und Narben hinterlassen, wie etwa beim Tattoo oder beim Piercing. Zuweilen aber widersetzt sich der reale Körper, der gemäß kultureller Konvention immer die „korrekten" modischen Zeichen einsetzen soll, um sein „wahres" anatomisches Geschlecht nach außen sichtbar zu machen, dem Zwang der Geschlechterzeichen: wenn Frauen Männerkleider tragen beispielsweise (vgl. Lehnert, 1996).

Der Körper selbst kann im Extremfall als Verkleidung erfahren werden, so daß er verändert werden muß, um dem „wahren" inneren Wesen eines Menschen zu entsprechen, wie es bei Transsexuellen der Fall ist. Wie reagiert eine Kultur auf einen solchen Widerstand gegen die Norm? Und bedeutet dieser ein Aufbrechen der Geschlechterpolarität, oder bleibt sie ihr verhaftet? Der seit der Jahrhundertwende tradierte Topos von Lesben, die einen männlichen Geist im weiblichen Körper hätten, scheint auf letzteres hinzudeuten – trifft das zu?

Die zwei Geschlechter der Mode

Im frühen Mittelalter kleideten sich Frauen und Männer in Europa sehr ähnlich: Sie hüllten sich in lange Gewänder, die die Körper unsichtbar machten und alles Individuelle – und auch das Geschlecht – leugneten, um im Sinne der christlichen Überzeugung von der Nichtigkeit des Irdischen das allen Menschen Gemeinsame zu betonen und Bescheidenheit und Keuschheit zum Ausdruck zu bringen (vgl. zur Modegeschichte u.a. Laver, 1996; Lehnert, 1998). Zwar konnte man ohne weiteres die beiden Geschlechter unterscheiden, jedoch war das nicht Hauptanliegen der Kleidung. Das änderte sich im ausgehenden Mittelalter, als im Kontext sich verändernder politischer, wirtschaftlicher und sozialer Umstände das zu entstehen begann, was wir heute als Mode bezeichnen: eine Kleidung, die die Lust an der eigenen, unverwechselbaren Person und ihrer Schönheit verrät und die ihre Formen häufig ändert, weil sie einerseits den ästhetischen Reiz, andererseits Unbeständigkeit und steten Wandel zum Selbstzweck macht. Diese Formen waren keinem wie auch immer verstandenen „Abbildungsrealismus" verpflichtet: Bis zum Boden hängende Tütenärmel oder bizarre Kopfbedeckungen sind ästhetischer Selbstzweck ohne praktischen Nutzen, ja sie stehen oft dem praktischen Nutzen entgegen. Die Schamkapseln der Männermoden in der europäischen Renaissance und im Barock scheinen für unsere Augen fast unverschämt konkreter Hinweis auf die Männlichkeit des Trägers. Tatsächlich sind sie Zeichen von männlicher Macht und somit keine Abbildung des Penis (mit dessen konkreten Formen sie letztlich wenig gemeinsam haben), sondern symbolischer Phallus. Darüber hinaus waren sie ein nicht zu unterschätzendes modisches Dekorationselement. Wenn Supermodel Kate Moss Jahrhunderte später von Vivienne Westwood mit einer Schamkapsel auf den Laufsteg geschickt wird, wird das traditionelle männliche Machtsymbol in einem ironischen Spiel mit den Geschlechtern und den Geschlechterhierarchien eingesetzt.

Mode war bis zur Französischen Revolution ein reines Oberschichtenphänomen: Nur der Adel und wenig später das entstehende, aufstrebende Bürgertum verfügte über die materiellen Mittel und die Muße, sich einem so zeitaufwendigen und kostspieligen Phänomen wie der Mode zu widmen. Mode war seit dem Mittelalter integraler Bestandteil von Macht, niemals nur vordergründiger Zierat, auf den man auch hätte verzichten können: Von den Mächtigen wurde erwartet, daß sie sich prächtig kleideten und entsprechend auftraten, andernfalls hätten sie einen Teil ihrer Macht verloren (vgl. Burke, 1996). Im späten Mittelalter begann die Mode auch, die Erzeugung von Geschlechterbildern zu ihrem zentralen Anliegen zu machen. Die Silhouetten der Frauenmoden begannen sich deutlich von denen der Männermoden zu unterscheiden. Bestimmte erotische Leitideen bildeten sich aus: Männer betonten zum Beispiel ihre Beine, während Frauen unter ihren langen fließenden Röcken keine Beine zu besitzen schienen. Mode wurde nun zum wichtigen Moment im erotischen Spiel zwischen den Geschlechtern. Denn von Anbeginn an hat sie sich auf die Zweiheit der Geschlechter konzentriert und Bilder vom Weiblichen wie vom Männlichen erzeugt – die jedoch immer standesabhängig waren, weswegen man die Polarität auch aufweichen und sagen kann, daß es immer mehrere Weiblichkeiten gab, die durch die Mode erzeugt wurden: eine aristokratische, eine gehoben bürgerliche – ganz abgesehen von den Weiblichkeitsbildern, die in der Tracht des sogenannten einfachen Volkes viele Jahrzehnte, ja Jahrhunderte Bestand hatten. Jedoch ähneln sich diese verschiedenen Bilder in manchen Zügen, und in einem wesentlichen Charakteristikum sind sie sich gleich: in ihrer Ausschlußlogik, d.h. in ihrem Bezug auf den „entgegengesetzten" Pol: Was nicht männlich ist, ist weiblich. Mode funktionierte lange gerade wegen des Gegensatzes zwischen zwei Extremen, dem idealtypischen Weiblichen und dem idealtypischen Männlichen, zwischen denen sie seit ihrem Beginn beständig oszilliert.

Mode geht durchaus konform mit anderen kulturellen Tendenzen, sie ist verwoben in den sozialen und ökonomischen Prozeß, auch in die Wissenschaft, die in ihren eigenen, vom Sozialen stets abhängigen Erkenntnisinteressen die Geschlechter zu definieren sucht, sie hat außerdem Teil an der Kunst. Sie ist integrales Element des Machtdispositivs im Sinne Foucaults: Sie bildet die Sex-Gender-Matrix nicht ab, sondern trägt dazu bei, sie zu stabilisieren oder auch zu erschüttern (Foucault, 1993).

Dazu gehört auch, daß die Mode beständig die Grenzen überschreitet, die sie selbst setzt: Elemente der beiden Bereiche gehen ineinander über, weibliche Moden verwandeln sich männliche Elemente an und umgekehrt, wobei das Umgekehrte Jahrhunderte hindurch eine geringere Rolle spielte, da die männlichen Moden bis ins 17. Jahrhundert hinein die innovativeren und phantasievolleren waren. Später, im bürgerlichen Zeitalter, als die Geschlechter sozial klar definiert waren und die Männermode nicht mehr phantasievoll, sondern zur nüchternen und strengen Kleidung mutiert war, wurde Mode gleichgesetzt mit Frauenmode. Auf sie konzentrierte sich der ästhetische Erfindungsreichtum und die Lust am Wandel. Nun wurde von bürgerlichen Frauen verlangt, sich modisch zu kleiden und damit nicht zuletzt den Status des Familienvorstandes zu demonstrieren (der Soziologe Thorstein Veblen erfand hierfür bereits 1899 den Begriff des „demonstrativen Konsums"). Mode besaß also eine wichtige soziale Funktion, dennoch begann man damals, Mode verächtlich als oberflächlichen Zeitvertreib für müßige Frauen zu verurteilen (vgl. Simmel, 1983). Wenn vor diesem Hintergrund männliche Elemente Eingang in die Frauenmode finden, so hat das zwar einerseits mit dem ästhetischen Überraschungseffekt zu tun, den das Unerwartete immer hat. Andererseits aber spielt in diesem Prozeß auch die Bedeutung sozialer Zeichen eine gewichtige Rolle, denn männliche Kleidungselemente – der Anzug – symbolisierten Macht. Wenn beispielweise Flauberts Romanheldin Emma Bovary beim ersten Ausritt mit ihrem künftigen Liebhaber ein Reitkostüm im strengen Herrenschnitt sowie einen Männerhut trägt, so ist das keine nur modische Caprice, sondern dient im Romankontext auch als subtiles Zeichen für Emmas „männliche" Aktivität und eine gewisse Dominanz im Spiel der Verführung, in dem sie der Konvention gemäß eigentlich passiv und unterwürfig sein soll – wie sie sich im übrigen ja in ihrem Verhalten auch gibt. Als in den 20er Jahren die Frauenkleidung glatt und streng, funktional und modern wurde und die Frauen sich die Haare zum „Bubikopf" kurzschneiden ließen, wurden sie von vielen Kritikern als „vermännlicht" beschimpft: Man begriff sehr wohl, daß es hier nicht nur um einen neuen ästhetischen Reiz in der Mode ging, sondern daß mit der neuen Mode auch ein neuer Frauentypus auftrat, der sich nicht mehr einfach den alten Klischees von den sanften, häuslichen Frauen anpaßte.

Hier wird deutlich: Die Mode schafft selbst den Raum für das Spiel mit den gesetzten Polaritäten; sie gibt im Prozeß der ständigen Verschiebung von Bedeutungen den Spielraum vor, in dem sich von der Norm der heterosexuellen polaren Matrix abweichende Geschlechterbilder bilden und aktualisieren können. Sie fixiert Bilder und Bedeutungen wenn überhaupt, dann immer nur vorübergehend, da zu ihrem Wesen die Veränderlichkeit gehört. Mode *ist* Veränderlichkeit, sie ist der unabschließbare Prozeß der Inszenierung von individuellen und gruppenspezifischen Identitäten, von Selbstbildern und Fremdbildern, niemals ein Ergebnis.

Grenzüberschreitungen

Dennoch wurde es stets als eine Verletzung grundlegender gesellschaftlicher Normen verstanden, wenn Menschen die Kleidung des anderen Geschlechts trugen. Das gilt natürlich vor allem dann, wenn die in der gesellschaftlichen Hierarchie niedriger angesiedelten Frauen Männerkleider anlegten und sich damit auch die Privilegien des sozial höher geachteten Geschlechts anmaßten. Die Abweichungen von der kulturellen Norm des Geschlechterbildes lassen sich indessen, anders als gemeinhin vorausgesetzt wird, nicht in Begriffen der Imitation fassen. Wenn eine Frau Männerkleider trägt, um – wie die Schriftstellerin George Sand – frei und unbelästigt durch das Paris des 19. Jahrhunderts flanieren zu können, dann will sie nicht Mann sein, sondern männliche Privilegien genießen, die ihr als Frau verwehrt blieben. Sehr viel mehr Dimensionen entfaltet dieses vermeintliche „Imitat" des Männlichen, wenn manche lesbischen Frauen Männerkleider tragen und „männlich" auftreten. Das traditionelle Bild der Lesbe ist das des KV, des „Kessen Vaters", wie es in den 20er Jahren hieß, oder, um den modernen Begriff zu verwenden, der „Butch". Wenn auch die meisten Lesben keine Butches sind, so bestimmt dieser Typus doch seit dem Ende des 19. Jahrhunderts das öffentliche Bild von Lesben. Die damals aufkommende (männliche) Sexualwissenschaft klassifizierte erstmals Homosexuelle beiderlei Geschlechts und vertrat die These, Lesben trügen männliche, Schwule weibliche Züge (sowie die entsprechende Kleidung). Daher rührt das heute noch in vielen Köpfen herumgeisternde Klischee der „männlichen" Lesbe, des Männerimitats oder des Mannweibs, das so griffig für diejenigen war, die Homosexualität als abweichend verurteilen wollten. Die längst überholten Thesen von Richard von Krafft-Ebing oder Havelock Ellis dienten aber zu Beginn des 20. Jahrhunderts auch als Grundlage des Selbst-Bildes, das lesbische Frauen von sich entwickelten, bot ihnen doch die Sexualwissenschaft mit ihren griffigen und durchaus spektakulären Kategorien erstmals eine – wenn auch einseitige – Möglichkeit, sich selbst zu definieren. Denn vorher hatte es keinerlei Kategorie für frauenliebende Frauen gegeben; sie standen auf ungreifbare und unaussprechliche Weise „außerhalb" der „Normalität". In Radclyffe Halls klassischem Lesbenroman von 1928, „Quell der Einsamkeit", wird der Prozeß der Identitätsbildung einer lesbischen Frau mit Hilfe der sexualwissenschaftlichen Theorien geschildert, und wie die Sexualwissenschaftler vertritt der Roman die These, alle lesbischen Frauen seien eigentlich männliche Seelen in weiblichen Körpern. Als folgerichtig wird beschrieben, daß sie sich auch entsprechend männlich kleiden, um ihr „wahres Ich" zum Ausdruck zu bringen. Traditionell weiblich aussehende Lesben, die es damals wie heute gab, wurden ignoriert oder als verkappte Heterosexuelle beurteilt. Der „Kesse Vater" dominierte in den ersten Jahrzehnten des 20. Jahrhunderts das Bild der Lesbe schlechthin.

Heute ist diese Einseitigkeit überholt, und die Lesbian Community zeigt so viele Gesichter, wie das moderne Spektrum von Weiblichkeit zwischen sehr feminin und sehr androgyn aufzuweisen hat. Anders als die älteren KVs spielen moderne Butches mit ihrer vermeintlichen Männlichkeit, die sie keineswegs mehr als unveränderlichen Teil ihrer Identität betrachten, sondern als durchaus auch modischen Ausdruck ihres Begehrens, das sich auf Frauen richtet. Tatsächlich wollen die wenigsten dieser Frauen Männer sein; sie signalisieren vielmehr ihr erotisches Anderssein durch eine Kleidung, die nicht dem weiblichen Geschlechterklischee entspricht. Die männliche Kleidung dient der Selbstvergewisserung und der Verständigung mit anderen; sie ist Erkennungszeichen (vgl. Caraglio, 1998). Sie verbirgt zuweilen den durchaus weiblichen Körper mit großem Busen und breiten Hüften, aber sie leugnet ihn nie wirklich. So ergibt sich allein aus der Kombination eines erkennbar weiblichen Körpers mit der männlichen Kleidung ein dritter, neuer Eindruck, der weder als männlich noch als weiblich zu klassifizieren ist.

Eine „männlich" gekleidete Frau will andere Frauen anschauen – damit widerspricht sie der heterosexuellen Geschlechterhierarchie, nach der Frauen angeschaut werden, während Männer anschauen (vgl. Berger, 1994). Jedoch will eine „männlich" gekleidete Frau durchaus Aufmerksamkeit bei anderen Frauen erregen, also auch angeschaut werden. Dabei wird sie aber nie zum Objekt, wie das in der heterosexuellen Ökonomie für Frauen vorgesehen wird, sondern sie bleibt immer Subjekt. Die Kleidung einer Butch demonstriert mithin ihren *Subjektstatus* als Frau; sie verweigert grundsätzlich den sexuellen Objektstatus. Das gilt zwar auch für die meisten anderen lesbischen Frauen, aber eine Butch ist in dieser Hinsicht unmißverständlicher, da sie sich aufgrund ihres sichtbaren Andersseins den Anfeindungen der „normalen" Umwelt aussetzt. Ihre Identität ist für die anderen wie auch für sie selbst insofern problematischer, als sie sich auch nicht annähernd dem dominanten Modell einfügt, denn ein Mann ist sie ja nicht und will sie auch in der Regel nicht sein. Sie ist aber auch nicht Frau in dem sozialen Sinne, wie Monique Wittig den Begriff versteht, wenn sie schreibt: „Lesbians are not women" (1992). Damit ist gemeint, daß der Begriff „Frau" nur Sinn hat in einer geschlechtlich binär organisierten Welt, in der die beiden konventionell gesetzten Geschlechterpole im heterosexuellen Bezug aufeinander zu verstehen sind: Eine Frau ist Frau also nur im Bezug auf ihren vermeintlichen Gegenpol, die Männer, und umgekehrt – die Mode der letzten Jahrhunderte bringt das unmißverständlich zum Ausdruck. Wenn eine Frau eine andere Frau liebt und begehrt, kann sie gemäß der herrschenden Geschlechterökonomie keine „Frau" sein. „Lesbe" wird dann zum dritten Term, der diese spezielle, von der selbsternannten Norm abweichende Identität zum Ausdruck bringt.

Eine Schlüsselszene in Leslie Feinbergs Roman „Träume in den erwachenden Morgen" (1996, S. 28–29) schildert, wie die damals elfjährige Protagonistin Jess, die sich immer schon gegen das Tragen von Mädchenkleidern gewehrt hat, heimlich eine Anzugjacke, ein

Hemd und eine Krawatte ihres Vaters anzieht, obgleich sie genau weiß, daß sie deswegen Ärger bekommen wird: „Aber es war zu spät. Ich zog mich bis auf Baumwollunterhöschen und T-Shirt aus und schlüpfte in sein Hemd. Es war dermaßen gestärkt, daß ich den Kragen kaum zugeknöpft bekam. Ich zog mir eine Krawatte vom Halter. (...) Ich zog die Anzugjacke über und betrachtete mich im Spiegel. Ein Laut entwich meiner Kehle, eine Art Japsen. Mir gefiel das elfjährige Mädchen, das mir da entgegensah. (...) Ich starrte in den großen Spiegel über der Kommode meiner Mutter und versuchte weit in die Zukunft zu sehen, in eine Zeit, wenn diese Kleidung mir passen würde, um einen Blick von der Frau zu erhaschen, die ich einmal sein würde." Jess will sich nicht als Mann sehen, sondern als die Frau, die sie eines Tages sein wird. Ihre Entscheidung ist von keinem Zweifel getrübt, auch wenn sie ständig gefragt wird, ob sie ein Junge oder ein Mädchen sei. Erst als sie, längst erwachsen, die geschlechtliche Uneindeutigkeit, die sie in den Augen der „normalen" Umwelt hat, und die Schikanen, denen sie deswegen ausgesetzt ist, nicht länger ertragen kann, beginnt sie mit einer Hormonbehandlung, um eindeutiger männlich und damit unauffälliger auszusehen, und läßt sich gar die Brüste, sichtbarstes Zeichen ihrer anatomischen Weiblichkeit, wegoperieren. Aber das ist eine pure Notlösung während der McCarthy-Ära, in der Lesben und Schwule in den USA offiziell und inoffiziell verfolgt wurden und ihres Lebens nicht unbedingt sicher sein konnten. Jess fügt ihrem Körper Verletzungen zu, die dauerhafte Narben hinterlassen, weil dieser Körper ihr keine verläßliche Identität mehr bietet. Sie verkleidet sich nun gewissermaßen, indem sie ihren Körper willentlich verändert und äußeren – heterosexistischen – Normen anpaßt, die Sicherheit verheißen – die Männerkleidung allein galt ihr niemals als Verkleidung, denn sie brachte den wichtigen Teil von Jess zum Ausdruck: ihre Abweichung von allen traditionellen Geschlechterklischees.

Jess ist ihr Leben lang auf der Suche nach einer dritten oder vierten Kategorie, die weder traditionell weiblich noch traditionell männlich wäre und die sie außerdem innerhalb der Gruppe der Lesben unterscheidet. Wenn sie findet, der Begriff „Lesbe" sei unzureichend, um ihre Identität zu benennen, macht sie deutlich, daß es ebensowenig eine homogene Gruppe der Lesben gibt, wie es keine homogene Gruppe der Frauen oder der Feministinnen gibt.

Indem Jess die Geschlechter-Klischees ihrer Kultur – und schließlich sogar die neu entstehenden Geschlechter-Normen des Feminismus der 70er Jahre – aufbricht, verdeutlicht sie, daß die Zweiheit der Geschlechter eine Fiktion ist, die dem Interesse der heterosexuellen Geschlechterhierarchie dient. Das biologische Geschlecht („sex"), so wird hier klar, ist keine absolute Gegebenheit vor aller Kultur, das „gender", also die psychosoziale Geschlechtsidentität, zur logischen Folge hat, vielmehr verhält es sich umgekehrt: die kulturelle Maschinerie schafft „gender", und „gender" schafft „sex" als Konzept einer präkulturellen Entität, die folglich nicht in Frage gestellt werden kann.

Original oder Kopie

Daß Frauen, die sich „männlich" kleideten, von der heterosexuellen Umwelt als lesbische Mannweiber verunglimpft wurden, ist noch gar nicht so lange her, ja es geschieht heute noch. Dennoch scheint es in manchen Kreisen in den letzten Jahren schick geworden zu sein, Lesben und Schwule im wirklichen Leben zu kennen, sie im Film oder in den TV-Soap-Operas zu sehen und vielleicht gar selbst kleine Ausflüge in eine „andere" Lebensform zu machen. Auf der unermüdlichen Suche nach Einzigartigkeit in einer Welt, in der eigentlich nichts und niemand mehr etwas Besonderes ist, weil alle so erpicht darauf sind, besonders zu sein, sind Schwule und Lesben mit einem Mal zu Trendsettern geworden, die vom Mainstream imitiert werden. Denn sie sind „anders", ohne sich darum bemühen zu müssen und oft auch, ohne es eigentlich sein zu wollen. Die unsichtbare Sichtbarkeit lesbischer und schwuler Lebenswelten geht jedoch über den Boom lesbischer Figuren in den Medien hinaus, denn lesbische und schwule Moden werden inzwischen auch von jenen nachgeahmt, die eigentlich vielleicht sogar homophob sind: Heute tragen alle Männer, auch die biedersten, Ohrringe, kurzgeschorene Haare und Lederjacke, also ein Outfit, das früher als schwul galt, Versace ist ein In-Label auch für heterosexuelle Männer geworden, obwohl seine Mode denkbar „schwul" ist, und viele heterosexuelle Frauen tragen Motorrad- oder Cowboystiefel und Working Jeans und finden sich unglaublich schick und sexy darin. Die wenigsten machen sich klar, daß sie einen Stil übernehmen, der noch vor kurzem eine bestimmte sexuelle Vorliebe und die Wahl eines bestimmten Lebensstils signalisiert hat. Heute ist dieser Stil zum auswechselbaren Versatzstück der sogenannten „Normalen" geworden, die auf der Suche nach Andersartigkeit und Einzigartigkeit auf Muster zurückgreifen, die sie früher verachtet und als Imitat verurteilt haben. Diese Moden bedeuten nichts mehr – sie zeigen jedoch, wie schnell der sogenannte Mainstream abweichende Tendenzen aufnimmt, vereinnahmt und damit unkenntlich macht, wenn es seinen eigenen Zwecken entgegenkommt. Lesbische Frauen hingegen experimentieren längst mit dem gesamten Spektrum der weiblichen Moden.

Die Kopie der (vermeintlichen) Kopie – diese Serie von Kopien drängt das vermeintlich am Anfang stehende Original immer weiter zurück, bis es sich selbst als eine „Kopie" erweist – nämlich von vorgegebenen kulturellen Bildern, die zum Klischee von Weiblichkeit oder Männlichkeit gerinnen und deren Verkörperung auch kein „Original" sein kann. Kurz: Das Original – hier: Weiblichkeit oder Männlichkeit – wird durch seine „Kopien" seinerseits als Konstrukt, ja als Kopie durchschaubar gemacht. Die Mode ist das Medium, in dem sich der Prozeß der Dekonstruktion von Geschlechtsidentitäten abspielt: Sie stellt die Bilder bereit, mit denen wir spielen, an denen wir uns abarbeiten, mit denen wir letzten Endes leben.

Accessoire: „GameBoy"

Von Thomas Palzer

Puh, Harry – weißt Du noch?

Harry: mein Freund – Verbündeter, Vertrauter, Komplize.

Wir waren beide gleich groß, beide mit scheuer, elastischer Haut und strohblondem Stiftekopf, Du halbroh, ich – schon damals – Bücherwurm.

Weißt Du noch, als wir nebeneinander auf dem kratzenden Gras lagen? Angeberhaft und rivalisierend, voller undeutlicher Gefühle und zugleich panisch darauf bedacht, sie von uns fernzuhalten.

Weißt Du das noch?

Ich weiß noch, wie Du mir eines Tages atemlos von der Hündin erzähltest, die aus dem Arschloch blutete, von der Empörung der Besitzerin, die im selben Mietshaus wohnte wie Du und Deine Eltern – empört, weil der Rüde, der sie besprungen hatte, den falschen Eingang erwischt hatte –, ich entsinne mich der Scham, die uns bei dem Wort Arschloch erfaßte und die uns dazu trieb, erst recht darüber zu sprechen: absichtlich schmutzig, so kühn, wie es uns unser Vokabular erlaubte, ungeschult und ahnungslos.

Ja, im Hochsommer radelten wir oft in die Rheinauen. Im Gras liegend, behütet vom flirrenden Licht, machten wir eine Zeitlang immer die gleiche, aufregende Entdeckung: Jeder von uns nahm sich mit den Augen des anderen wahr. Das war etwas absolut Neues. Es war nur uns begreiflich.

Ich erinnere mich an den schweren, ockerfarbenen Lehm der Uferböschung, den von feinen und breiten Rissen durchzogenen Mergel, an die hohen Trauerweiden, die den toten Flußarm umstanden, an das brusthohe, schneidende Schilf und an die nassen und schmierigen Unterschenkel, wenn wir, die Steinschleuder in der Hand, mit bis über das Knie gekrempelten Jeans im Schlamm herumwateten. Am Abend waren unsere Beine und Arme von Insekten zerstochen.

Zwischen dem Schilf und den Baumstümpfen lag das Wasser in vollkommener Ruhe da, gelbgrau, in der Hitze brütend. Immer wieder schickten wir sorgenvolle Blicke zu unseren Rädern, wo unsere Schuhe, an den Schnürsenkeln zusammengeknotet, an den Lenkstangen hingen. Wir hatten eine besondere Zone betreten – eine Zone, die unbedingt mit gespitzten Ohren belauscht werden mußte: einen wackeligen Steg, der auf das Wasser führte.

War da nicht was? Raschelnde Schritte?

Unheimlich: die leichte Bewegung an der Wasseroberfläche, wenn Hechte mit wenigen Schwanzbewegungen bei den modrigen Strunken Unterschlupf suchten.

Jetzt, Harry – nach über dreißig Jahren –, denke ich an Dich.

Ich denke an Dich, weil ich über gemeinsame Freunde erfahren habe, daß Du bei einem Erdrutsch in den Alpen ums Leben gekommen bist – Du mitsamt Deiner Familie – Deiner Frau, Deinem Sohn: ausgerottet, gelöscht, vom Erdboden verschluckt – buchstäblich. Ich stelle mir das Auto vor: der gleichmäßige Motorenlärm; Licht und Schatten, die mit den Bewegungen der Serpentine über die Windschutzscheibe laufen; Deine hübsche Frau sucht einen Sender, der auf Empfang bleibt und nicht immer wieder knisternd verschwindet, erfolglos vermutlich. Dein Sohn, hinten im Fond, so alt wie wir damals, spielt mit seinem Tamagotchi, füttert es, bestraft es, verabreicht ihm elektronische Medizin.

Tamagotchi? Für die Evolution auf dem Weg vom Ding zum Unding ein Meilenstein! Eine primitive Vorform des kybernetischen Organismus, des Zusammenschließens von Mensch und Maschine, von Tradition und Innovation. Es stammt aus Japan, natürlich – woher sonst? –, die Japaner glauben nicht an die Seele. Aber wir, Harry, wir Europäer glauben an die Seele! (Wo ist Deine Seele jetzt, Harry?)

Hat Dein Sohn je die Rheinauen kennengelernt? Erzählt ihm sein Piepsding aufregende Geschichten, in denen es von schmutzigen Wörtern wimmelt? Hat es Gefühle erwidert? Es hat reagiert. Was für eine groteske Realität, die sich in dem Plastik versteckt! Hat Dein Sohn sich darin je selbst wiederfinden können?

Oh, ich weiß, ich bin altmodisch. Manche werden sogar sagen: nostalgisch. Aber das bin ich nicht. Nicht nostalgisch. Es ist einfach so, daß es auf dieser Welt nichts gibt, das zu verlassen sich nicht lohnen würde. Das gilt vor allem für die Zeit, in der man lebt – für die Zeit, die Dich, Harry, ausgemerzt hat, Dich und Deine Familie – Deine Frau und Deinen Sohn. Ja, und auch das Tamagotchi natürlich.

V

DAS GLOBALSTE MEDIUM

1. Mode für die Massen – Modemacher H&M

Von Jürgen Müller

Auf einer Liste der erfolgreichsten Modedesigner würde ihr Name wohl niemals auftauchen. Dabei gebührte Margareta van den Bosch ein Platz ganz oben. Jeder sechste Deutsche hat mindestens ein Teil von ihr im Schrank. 250 Millionen Kleidungsstücke entstehen jährlich unter ihrer Regie. Sie hat ihren Chef Stefan Persson damit zum reichsten Mann des Landes gemacht – reicher noch als König Karl Gustav, wie die schwedische Zeitung *Expressen* einmal halb bewundernd, halb neidvoll konstatierte.

Margareta van den Bosch ist Chef-Designerin von Hennes & Mauritz. Die Mittfünfzigerin sitzt mit ihrem Team in einem unscheinbaren Bürohaus in einer Nebenstraße der Stockholmer City – fürwahr nicht der Nabel der Modewelt, und doch sind die 55 H&M-Designer immer am Puls der Zeit. Es ist ein junges, internationales Team, darunter Leute vom Fach, gelernte Modedesigner, aber auch Seiteneinsteiger, Ex-Models und Kunststudentinnen. Auf die Ausbildung kommt es nicht an, nur aufs Können. „Wer kann, der darf" ist eine der Maximen bei Hennes & Mauritz.

Aber die Anforderungen sind hoch. Schließlich geht es darum, herauszufinden, was die Menschen in den zwölf europäischen Ländern, in denen H&M mittlerweile präsent ist, tragen wollen. Und es geht zweitens darum, diese Trends in Bekleidung umzusetzen, die so kostengünstig produziert werden kann, daß die Menschen sie auch kaufen wollen. Mode für unüberschaubare und unberechenbare Massen zu machen ist ungleich schwieriger, als einen kleinen, elitären Kreis einzukleiden, dessen modische Präferenzen klar sind. Hennes & Mauritz beherrscht dieses Geschäft wie kaum ein Zweiter.

„Ein McDonald's der Mode" überschrieb das *Zeitmagazin* einmal eine Reportage über H&M. Ein guter Vergleich: In ihren über 500 Filialen bieten die Schweden eine Art modisches Fast Food. Das mögen Mode-Gourmets für verabscheuungswürdig halten. Aber immer mehr Menschen schätzen es: Fast Food ist unkompliziert, geht schnell und kostet wenig. Es kann durchaus schmecken, wenngleich es auch nur vorübergehend satt macht. Und es soll Leute geben, die süchtig danach sind.

Wie McDonald's ist H&M ein phänomenaler Aufstieg gelungen – insbesondere in Deutschland, wo die Schweden mit ihrer Art, Mode zu vermarkten, in eine Lücke gestoßen sind. 1980 startete H&M mit drei Läden in Hamburg. Ende 1998 waren es 149. In den letzten sechs Jahren hat das Unternehmen die Zahl seiner Filialen und seinen Umsatz vervierfacht. Sechs Jahre, in denen der Textileinzelhandel in Deutschland einen Minusrekord nach dem anderen aufstellte. Im Zeitraum 1992 bis 1998 hat die Branche knapp 18 Prozent Umsatzvolumen verloren – H&M hat 325 Prozent zugelegt. Allein 1998 wuchs man um über 30 Prozent auf 1,8 Milliarden Mark. Hennes & Mauritz belegt damit in der von der Fachzeitschrift *TextilWirtschaft* veröffentlichten Rangliste der größten Textileinzelhändler den siebten Platz. Nicht schlecht für ein Unternehmen, das keine zwei Jahrzehnte am deutschen Markt ist. Deutschland ist für die Schweden mittlerweile der umsatzstärkste Markt, weitaus wichtiger als der Heimatmarkt. Und Hennes & Mauritz ist ein hochrentables Unternehmen: 1997 erwirtschafteten die Schweden bei einem Nettoumsatz von insgesamt 18 Milliarden Kronen einen Jahresüberschuß von 1,7 Milliarden Kronen, das sind rund 355 Millionen Mark; die Nettoumsatzrendite von 9,4 Prozent ist für einen Einzelhändler selbst im internationalen Maßstab sehr hoch – von deutschen Verhältnissen ist der Wert Lichtjahre entfernt.

Fragt man Stefan Persson nach seinem Erfolgsgeheimnis, erhält man eine ausweichende Antwort: „Es gibt kein Erfolgsgeheimnis. Und falls doch, dann werden wir es für uns behalten." Ein Erfolgsgrund liegt wohl in der Art und Weise, wie die Schweden einen unübersichtlichen Massenmarkt mit einem klaren Konzept konfrontieren.

Das große Problem eines Massenanbieters ist ja, daß es *die* Masse gar nicht gibt. Es gab sie eigentlich noch nie, aber mit der seit den 70er Jahren beschleunigt fortschreitenden Pluralisierung und Individualisierung der Lebensstile ist sie endgültig zu einem schier unüberschaubaren Konglomerat von Gruppen und Grüppchen geworden. Da entdecken die Markt- und Trendforscher beinahe täglich neue Zielgruppen: von den „Dinks" über die jungen Alten und die autoritären Rentner bis hin zu den Moral-plus-Konsumenten und den „frustrierten Überlebenden". Hybride Verbraucher und Smart-Shoppers sind wir sowieso. Und alle pflegen wir unseren eigenen

Lifestyle, mit allem Drum und Dran – inklusive dem entsprechenden Outfit.

Mode ist ja bekanntlich nichts anderes als das, was eine hinreichende Zahl von Menschen an einem bestimmten Ort zu einer bestimmten Zeit als modisch ansieht – und anzieht. Jede soziale Gruppe hat ihren Dresscode, ihr Modediktat, das mal mehr, mal weniger streng ist. Es gibt viele Moden nebeneinander. Die Kunst des Massenanbieters ist, diese Moden zu erkennen und sie als erster anzubieten. Und zwar so, daß möglichst viele Menschen sie kaufen können und wollen. Hennes & Mauritz hat ein Konzept perfektioniert, das einerseits so differenziert ist, wie der Markt es verlangt, und das gleichzeitig so systematisch funktioniert, wie eine rentable Produktion und Distribution es erfordern.

Das Sortiment von H&M gliedert sich in verschiedene Module mit eigenem Labeling, die auf die diversen Zielgruppen und Anlässe ausgerichtet sind. So gibt es für Frauen die Linien „Woman" (feminine Klassik) und „Clothes" (modische Trendkollektionen), für die eher unauffällig gekleideten Mädchen „Hennes" und für die modeverliebten Teenies „Impuls". „BiB" (Big is Beautiful) bietet große Größen für die Dicken, und werdende Mütter können sich mit „Mama" einkleiden. Dazu kommen im Unisex-Bereich die Casual-Kollektion „LOGG" und die Jeanswear-Marke „Rocky". Ähnlich differenziert sind die Sortimente für Männer und Kinder aufgebaut.

H&M reagiert im übrigen schnell auf neue Nachfragetrends. Falls nötig, entwickelt das Designteam dazu auch ein neues Label. „Nature Calling", eine Öko-Kollektion für Kleinkinder, ist so ein Fall, und auch „LOGG Sport" – die Antwort von Hennes & Mauritz auf die „American Sportswear" von Tommy Hilfiger, „Polo Ralph Lauren" & Co. Diese verschiedenen Labels werden in den H&M-Läden jeweils separat präsentiert. Es gibt nicht die in den meisten anderen Textilgeschäften üblichen unübersichtlichen Hosen-, Anzug- oder Kleiderabteilungen. Statt dessen finden die verschiedenen Zielgruppen jeweils ein auf ihren Stil abgestimmtes, überschaubares und kombinierbares Angebot an einem Ort. Diese Outfit-Präsentation stimuliert Zusatzkäufe. Zum Sakko kauft man dann schnell auch noch das passende Hemd und die Krawatte; man muß dazu nicht in eine andere Abteilung gehen.

Die Belegung der verschiedenen H&M-Stores mit den einzelnen Sortimentsmodulen hängt von der jeweiligen Lage, dem Zuschnitt und der zur Verfügung stehenden Verkaufsfläche ab. Das Unternehmen kann dadurch sehr flexibel auf jeden beliebigen Standort eingehen, ohne daß das System insgesamt an Wirtschaftlichkeit einbüßt. Das erleichtert die Expansion, und nicht zuletzt ermöglichen die Module eine problemlose Spezialisierung.

Wie wichtig das für eine maximale Marktausschöpfung sein kann, zeigt sich auf der Sergelgatan, das ist eine kleine Fußgängerzone im Zentrum von Stockholm. H&M betreibt dort auf 150 Quadratmetern vier Geschäfte: Gleich am Anfang einen großen „Impuls"-Laden mit junger Mode. Schräg gegenüber ist ein H&M, der speziell auf Mütter und Kinder ausgerichtet ist. „H&M Cosmetics" führt Wäsche und Kosmetik. Und am anderen Ende der Straße gibt es ein großes, modisch ausgerichtetes H&M-Bekleidungshaus für Damen und Herren. So schafft es Hennes & Mauritz, in Stockholm 32 Geschäfte zu betreiben. Dabei ist die schwedische Hauptstadt kaum größer als Hamburg.

Ein zentraler Aspekt im Marketing von Hennes & Mauritz ist die permanente Aktualisierung der Sortimente. Täglich kommt frische Ware. Dem Kunden wird signalisiert: Hier gibt es immer wieder etwas Neues, es lohnt sich, zu uns zu kommen! Und weil viele modische Produkte nur eine bestimmte Zeit erhältlich sind, wird die Nachfrage zusätzlich stimuliert. Denn bei den modischen Sortimentsmodulen wie „Impuls" oder „Clothes" sind die Stückzahlen einzelner Artikel kleiner und die Planungszeiträume vor der Auslieferung kürzer als etwa bei den „LOGG"-Basics. Entsprechend kann H&M das modische Risiko eingrenzen. Daß der Einkauf mal daneben liegt, ist nämlich um so wahrscheinlicher, je früher er sich modisch festlegen muß. Ware, die nicht nachgefragt wird, muß mit Preisabschlägen verkauft werden. Dieses Verlustrisiko wird im H&M-System minimiert.

Die häufige Variation der Sortimente und die damit verbundenen kurzen Planungszeiträume ermöglichen eine frühe Umsetzung neuer Trends. Hennes & Mauritz braucht nicht wie traditionell arbeitende Einzelhändler bis zur nächsten Saison zu warten, bis seine Lieferanten die Prada-Kopie in der Kollektion haben, und noch einmal ein halbes Jahr, bis sie ausgeliefert wird. Die H&M-Designer erkennen einen Trend, setzen ihn in Entwürfe um, der Einkauf beschafft die notwendigen Mengen, die Logistik sorgt für die unverzügliche Belieferung der Filialen. Das geht im Zweifelsfall in

Merchandiser
Eine wichtige Rolle im H&M-System spielen die sogenannten Merchandiser. Das sind Warenspezialisten, die in den jeweiligen Länderzentralen sitzen und als Bindeglied zwischen der Verkaufsorganisation und dem Designteam bzw. dem Zentraleinkauf in Schweden fungieren. Sie koordinieren die Sortimente für den jeweiligen Markt und sorgen für die richtige modische Gewichtung. Anhand von EDV-Daten analysieren sie gemeinsam mit Area- und Storemanagern die Abverkaufstrends, entscheiden über Nachlieferungen und veranlassen – falls nötig – Preisreduzierungen.

wenigen Wochen über die Bühne. Alles eine Frage der Planung und der Organisation. Kreativität im Design allein ist es eben nicht.

Die modische Aktualität ist die eine Seite des H&M-Erfolges, der überraschend niedrige Preis die andere. Die Schweden beschaffen einen großen Teil ihrer Ware weltweit in Niedriglohnländern, in Fernost und Südamerika. Etwa 50 Prozent der H&M-Ware stammt aus europäischen Quellen wie der Türkei, Portugal und Osteuropa. Die Schweden arbeiten mit ihren Lieferanten sehr eng zusammen und beanspruchen nicht selten einen Großteil von deren Kapazität. H&M betreibt aus Prinzip keine eigene Produktion und hält auch keine Beteiligungen an Lieferanten. Über hohe Abnahmemengen verschafft man sich eine gute Verhandlungsposition. Im Gegenzug ist das Absatzrisiko für die Lieferanten gering, da die üblicherweise anfallenden Kosten der Distribution (Messeaktivitäten, Handelsvertreterprovisionen, Werbung) entfallen. Das ermöglicht günstige Abgabepreise und damit für H&M entsprechend niedrige Verkaufspreise. Und die haben bei H&M grundsätzlich eine höhere Priorität als die Qualität. Zwar wurden hier in den letzten Jahren große Fortschritte erzielt – die Qualität der Ware ist aber nach wie vor ein großes Manko; angesichts brettiger Stoffe, schiefer Nähte und schlampiger Verarbeitung wenden sich anspruchsvolle Kunden mit Grausen ab.

Die Qualitätsmängel sind zu einem guten Teil systembedingt. Denn das europaweit agierende Unternehmen muß in hochkompetitiven Märkten wie Schweden und Großbritannien bestimmte Eckpreislagen einhalten. Das zwingt zu Kompromissen in Sachen Qualität, es sei denn, es gelingt, die Mengen entscheidend zu steigern. In Deutschland könnte H&M wahrscheinlich auch zehn Mark mehr für die „LOGG"-Chinos verlangen und dafür ein ungleich

H & M-Wäsche-kampagne: viel nackte Haut bei klirrender Winterkälte.

besseres Produkt bieten. Man wäre mit 59 DM immer noch billiger als die Konkurrenz; bei Peek & Cloppenburg kostet eine vergleichbare Hose zum Beispiel 69 Mark.

„Top-Mode zum konkurrenzlos niedrigen Preis" ist denn auch die einfache Botschaft der H&M-Werbung. Ein schönes, möglichst bekanntes Model trägt ein hübsches, trendiges Kleid. Daneben steht 29,90 DM und das rote H&M-Logo. Die Schweden versuchen grundsätzlich, sich in der Werbung vom Wettbewerber zu unterscheiden. Sei es durch besondere Prospektformate – DIN A3 beim Männermodekatalog, der Kindermodeprospekt wird im Westentaschenformat aufgelegt – oder durch die Wahl von für Einzelhändler eher ungewöhnlichen Medien, wie etwa Kinospots und Plakaten. H&M gehörte in Deutschland zu den ersten, die die Möglichkeiten der Citylights erkannten. Die Schweden belegen die häufig an Bushaltestellen stehenden Leuchtkästen massiv. Mittlerweile wird es an den Haltestellen aber nicht selten eng; die Konkurrenz ist aufgewacht und kopiert die Schweden teilweise schamlos.

Gerade in der Weihnachtszeit sorgt H&M mit seinen Wäschekampagnen regelmäßig für Aufsehen. Es werden sogar Sonderauflagen der Motive gedruckt, um zu verhindern, daß sich erregte Fans an der Plakatierung vergehen. Das norwegische Parlament stufte die Pin-up-Pose von Anna Nicole Smith seinerzeit als „verkehrsgefährdend" ein und veranlaßte, daß die Plakate überklebt wurden. Busenwunder Smith erlebte mit der H&M-Kampagne ihren großen Durchbruch; sie machte später durch die Hochzeit mit dem 90jährigen Milliardär J. Howard Marshall Schlagzeilen und streitet heute – nach seinem Tod – mit seiner Verwandtschaft um dessen Erbe.

In Hamburg protestierten einst „autonome Männer" gegen die Wäschewerbung, indem sie Farbbeutelanschläge gegen H&M-Filialen verübten. In Bekennerbriefen wurde die „pure Ansammlung sexuell benutzbarer Körperteile" angeprangert. Die Werbekampagne 1998 mit Popstar Kylie Minogue verlief ohne solche Zwischenfälle.

Für zu leicht befunden wurde dagegen im Jahr zuvor Georgina Grenville. Als bekannt wurde, daß die schwedische Kronprinzessin Victoria an Magersucht erkrankt war, brach in Schweden ein Sturm der Entrüstung los. H&M reagierte wie immer blitzschnell: Das spindeldünne Model aus Südafrika wurde durch die vollschlanke Sophie Dahl ersetzt.

Solcherlei Publicity nutzt Hennes & Mauritz mehr, als daß sie schadet. H&M gilt als hip und wird von manchen Kids liebevoll „Hasi & Mausi" genannt (im Gegensatz zu einer anderen großen Filialkette namens „Cheap & Awful"). Eine geschickte PR pflegt das positive Image. Zum Beispiel setzen die Moderedakteurinnen der Hochglanzmagazine gerne H&M-Ware in ihren Produktionen ein. Die Kombination der sündhaft teuren Gucci-Hüfthose mit der billigen H&M-Bluse ist schließlich immer für einen Aha-Effekt bei der Leserschaft gut. Dafür werden die Redakteurinnen dann auch zweimal im Jahr zur Modenschau mit anschließender Party nach Stockholm, Amsterdam oder Berlin eingeladen. Und wenn das alles nichts hilft, dann sorgen die Verlagskaufleute für eine ausreichende Berücksichtigung ihres Kunden H&M auf den Modestrecken. Nicht zuletzt, um diesen Hebel bedienen zu können, werden die teuren Anzeigen in den Hochglanzmagazinen schließlich geschaltet.

Kommunikation wird bei Hennes & Mauritz auch intern großgeschrieben. Man gibt sich als unkonventionelles Unternehmen. Wie in vielen skandinavischen Firmen üblich, duzen sich die Mitarbeiter einschließlich der Chefs. Hierarchiedenken und Statussymbole sind verpönt. Auch Deutschland-Chef Hans Andersson holt sich seinen Kaffee selbst aus der Küche. Es kommt vieles leicht daher bei Hennes & Mauritz, doch man sollte sich von der Lockerheit nicht täuschen lassen. Es wird hart gearbeitet. Und professionell.

Die Arbeitsweise und das Marketing von Hennes & Mauritz werden von deutschen Einzelhändlern heftig analysiert, und vieles davon wird kopiert. Bestes Beispiel ist die Werbung. Aber auch modisch war H&M immer ein Vorreiter. Das Unternehmen machte in Deutschland den Designer-Look fürs kleine Portemonnaie erschwinglich. H&M ist ein Musterbeispiel dafür, wie ein Einzelhandelsunternehmen Mode nicht nur vertreibt, sondern mit seinem Angebot, seinen Läden und seiner Werbung letztlich auch Mode macht.

Denn nur allzuoft wird der Einfluß des Einzelhandels auf die Durchsetzung von Modetrends übersehen. Dabei studieren die meisten Menschen die C&A-Prospekte, die bald jeden Morgen aus der Zeitung fallen, aufmerksamer als die Modekolumne von Wolfgang Joop im Feuilleton. Die Schaufenster von den Galeries Lafayette in Paris sehen jeden Monat vermutlich mehr Frauen als das Titelbild der französischen *Vogue*. Das zustimmende Nicken Albert Eickhoffs bei der Anprobe in seinem Düsseldorfer Luxus-Modehaus hat auf die Kundin mit Sicherheit größeren Einfluß als die Schauen-Analysen von Suzy Menkes in der *International Herald Tribune*.

In romantischen Vorstellungen entsteht Mode hingegen immer noch in den bezopften Köpfen geistreicher Designer, die in ihren Pariser Ateliers mit virtuosem Strich geniale Entwürfe zu Papier bringen, die anschließend von kunstfertigen Schneidern und Näherinnen in mühseliger Handarbeit produziert werden, um von internationalen Einkäufern und sektnippenden Millionärsgattinnen in dekadenten Shows begutachtet zu werden. Immer mit dabei das schwarze Heer der Moderedakteurinnen, deren ebenso einflußreiches wie launisches Wohlwollen sich der Meister durch exzessives Küßchen-hier-Küßchen-da sichert.

Für wieder andere kommt Mode von der Straße, der zufälligen Laune einer exzentrischen Avantgarde entsprungen, aufgeschnappt von Trendsettern an den In-Plätzen von London, New York oder Tokio, kopiert von Millionen MTV-Glotzern, die dazugehören wollen.

An all diesen Vorstellungen ist natürlich etwas dran. Letztlich entscheidet jedoch der einzelne Kunde mit seinem Kauf darüber, was Mode ist. Um ein Zitat von Joseph Beuys abzuwandeln: Jeder ist ein Modemacher. Doch kaufen können die Leute nur, was es auch in den Läden gibt. Immer mehr kaufen bei H&M.

2. Sport, Musik und Fernsehen: das globale Modedorf

Von Sabine Spieler

Sie sind eine Generation und doch so unterschiedlich wie Heino und Madonna. Nachmittags zum Skaten trägt der 15jährige Ingo Baggy Pants, einen schmalen Pullover und eine dicke Daunenjacke. Am Wochenende fährt er mit derselben Jacke zum Snowboarden. Seine Jacke findet er „echt cool". Genauso wie Boarden.

Carsten, ebenfalls 15, pflegt einen ganz anderen Stil: Seine messerscharf geschnittenen schmalen Anzughosen und taillierten Hemden sitzen perfekt, wenn er sich mit seinen Freunden nach der Schule in einer der neuen durchgestylten Espresso-Bars trifft. Sein Wochenende verbringt er lieber auf der „Club-Piste" als im Schnee.

Katja liebt superkurze Miniröcke und Plateau-Schuhe, Anna trägt lieber T-Shirt, Cargo-Pants und Sneakers.

Wie so viele ihrer Altersgenossen stehen diese vier im Konflikt zwischen Individualität und Zugehörigkeit zum Kollektiv, eigentlich ein ganz normaler Prozeß des Erwachsenwerdens. Schon immer gab es ganz bestimmte, durch ihre Kleidungsgewohnheiten unterscheidbare Gruppen, denen sich Jugendliche zugehörig fühlten, wenn auch meist nur für einen vorübergehenden Zeitraum. Doch heute spaltet sich der Kreis der Jugendlichen in eine Vielzahl von Gruppen auf, die durch exakt dieselben Interessen verbunden sind. Marktforscher sprechen gerne von den sogenannten „tribes" und beschreiben damit die enge Verknüpfung der einzelnen Gruppenmitglieder durch gemeinsame Gewohnheiten, Rituale und einen identischen Look.

Baggy Pants
Als Baggy Pants bezeichnet man Hosen, die bewußt zu groß und lässig auf der Hüfte sitzend getragen werden. Kombiniert mit lässigen T-Shirts, weiten Jacken oder übergroßen Sweats stehen sie für den ureigenen Bekleidungsstil einer neuen Generation und genießen mittlerweile fast schon Kult-Status in der Streetwear-Mode.
Populär wurden die Baggy Pants Mitte der 80er, als Rap-Musikbands wie die Gruppe Run DMC in ihren Videoclips erstmals damit zu sehen waren. Die „XXX-large"-Größe der Hosen hat einen simplen Hintergrund: Die Bekleidung der Rapper sollte für die beim Tanzen erforderliche Bewegungsfreiheit vor allem bequem sein. Die Ursprünge der Baggy Pants liegen jedoch ganz woanders: Amerikanische Häftlinge haben ihre Hosen immer auf den Hüften sitzen, weil ihnen aus Sicherheitsgründen die Gürtel abgenommen werden. Die Rapper empfanden dies als cool und übernahmen es. Inzwischen haben die sogenannten Cargo-Pants die Baggies als Trendkleidung abgelöst. Sie sind etwas schmaler geschnitten und haben aufgesetzte Taschen.

Neben der Mode gelten Sport und Musik als Hauptinteressen heutiger Jugendlicher. Sport zu treiben entspricht dem Bild einer Gesellschaft, die Fitneß, Gesundheit und Schönheit zu ihren Götzen erklärt hat. Die Ästhetik des Sports wird zur Ästhetik der Mode. Bei den Kids boomen Extremsportarten, die ihnen zwischen Lust und Angst oszillierende Gefühle verschaffen. Dahinter steckt der Wunsch, einem als langweilig empfundenen Alltag wenigstens für ein paar Stunden zu entfliehen – vielleicht das Hauptproblem einer Generation, die immer alles haben konnte. Deshalb sucht sie nach künstlichen Reizen und dem ultimativen Thrill. So finden sich die Wurzeln zahlreicher Jugendgruppen im Sport – im Funsport-Bereich sind dies die Biker, die Climber, die Surfer oder auch die Snowboarder. Jedes dieser Grüppchen funktioniert nach eigenen Gesetzen, und dazu gehört auch das Tragen bestimmter modischer Labels. Bei den Surfern zählen hierzu Chiemsee, Fanatic, Mistral, Reef Brazil oder Billabong. Als Favoriten bei den Snowboardern gelten Labels wie Burton, OBG, US 40 oder Quiksilver.

Auch in der Musik, ein weiterer ganz wichtiger Identifikationsbereich der jungen Generation, wurzeln zahlreiche Gruppen wie die Techno tanzenden Raver, die in der New Yorker Ghettoszene entstandene Bewegung der Rapper oder die schräg-schicken Mods, die einem von den 60er und 70er Jahren inspirierten Musikstil huldigen.

Die Liste läßt sich beliebig fortsetzen, da es von diesen Gruppen bzw. Grüppchen einige hundert mehr gibt. Für sie alle übernimmt Bekleidung die Funktion eines Codes, der der Außenwelt die Zugehörigkeit zu einer bestimmten Szene signalisiert. Oft können allerdings nur Insider diese teils geringfügig voneinander abweichenden Zeichensysteme durchschauen.

So festgefügt diese Gruppen auch erscheinen – es ist genauso möglich, von einer Szene zur anderen zu „zappen". Denn in den 90er Jahren hat sich die Gesellschaft entscheidend gewandelt. Sie ist facettenreicher geworden mit einer zunehmenden Sehnsucht nach Individualisierung, vermutlich als Folge eines wachsenden Wohlstandes und einer alle Bereiche umfassenden Demokratisierung. Nur noch wenige pflegen einen bestimmten Bekleidungsstil, die meisten wollen nach Lust und Laune entscheiden können, welcher Stil der jeweiligen Tagesform entspricht. (Die Münchner Publizistin Eva Gesine Baur spricht in diesem Zusammenhang von einem „Verwirrspiel mit Methode".) Mal zeigen sich die Frauen als sportliche Kumpel in Jeans und Turnschuhen, mal entsprechen sie dem klassischen Bild weiblicher Eleganz in Kostüm und High Heels.

Entsprechend scheint heute die Fragmentierung der Jugend und ihrer Bekleidungsstile ihren Höhepunkt erreicht zu haben. Den typisch angezogenen „Teenie" gibt es nicht mehr. Denn gerade bei Jugendlichen ist das Phänomen, sich jeden Tag aufs neue beliebig zu gestalten, am stärksten ausgeprägt. Fragt man sie selbst, welchem Bekleidungsstil sie sich zuordnen, fällt ihnen eine Festlegung schwer. Bei einer 1997 unter 1000 Jungen und Mädchen durchgeführten Studie von Youngcom wollte oder konnte sich fast ein Drittel der Teenager keiner bestimmten Szene fest zuordnen. Sie sahen sich lieber im Umfeld von mehreren. Anders als noch Anfang der 90er Jahre werden die Grenzen zwischen den einzelnen Gruppen immer fließender. Und auch deren Codes überschneiden sich zunehmend.

Es ist schon fast eine Wissenschaft für sich, die einzelnen Szenen dieser „Clubsuppe" aufzufächern. Grob könnte man jedoch zwei Grundströmungen in den 90er Jahren unterscheiden, die verdeutlichen, wie sehr Mode und Musik in der heutigen Jugendkultur ineinandergreifen: Techno und HipHop.

Der Techno-Trend zeichnete sich Anfang der 90er ab mit einer starken Signalwirkung auf die Mode. Techno ist der Inbegriff von am Regler gesteuerter „elektronischer" Musik. Als Urvater der Bewegung wird die deutsche Band Kraftwerk gefeiert, die Ende der 70er mit Computer-Sound und High-Tech-Stimmen den Grundstein einer neuen Musikära legte. Rund zehn Jahre später ließen sich in Detroit die international bekannten Produzenten und DJs Derek May und Kevin Saunderson vom deutschen Sound inspirieren – sie unterlegten Lieder von Kraftwerk mit harten Basedrums. Diese dumpfen Bässe wurden bald typisches Merkmal einer neuen Sound-Richtung, bei der man synthetische Klänge mit schnellen Beats unterlegte. Zum Protagonisten der neuen Bewegung mit bald halbgottartigem Status schwang sich der Frankfurter DJ Sven Väth auf.

Mit Techno entstand eine vollkommen neue Bekleidungskultur: Clubwear. Wie eine Trophäe wurden simple Shirts mit Smiley-Aufdruck vom Wochenend-Trip aus London mitgebracht. Das aufgedruckte Grinsegesicht eroberte schnell auch Gürtel, Ohrringe, Sticker oder Allover-Kopftücher. Daneben trugen die Jungs und Mädchen auf ihren „Rave"-Parties – allen voran die Berliner Love Parade – schrille, bunte Klamotten: High-Tech-Stoffe für gummierte Hosen, lackierte Röcke, Shirts mit Spaß-Slogans und Comic-Prints in quietschigen Knallfarben. „Love, Peace and Unity" lautete das Motto der Techno-Szene, eine einem Mantra gleichende Beschwörung einer neuen, besseren Gesellschaft im friedlichen Rausch der Musik oder der synthetischen Droge Ecstasy.

Shawn Stüssy gilt mit seinen legendären T-Shirts als Clubwear-Modemacher der ersten Stunde, andere Insider-Labels heißen Box Fresh, Gio Gio oder Daniel Poole aus London. Bald entstanden auch in Deutschland eigene Techno-Marken wie Sabotage, Velvet Monkees, Hypnobasia Vision, Bording oder Shoot. Die meisten von ihnen existieren heute gar nicht mehr. Galt Clubwear 1993 noch als mega-hip, prognostizierte man Anfang 1994 schon ihren Untergang – zu viele Hersteller und Geschäfte hatten sich auf dieses Segment gestürzt und damit die Authentizität der Szene verwässert.

Parallel dazu kam der HipHop auf, eine ebenso prägende Musikrichtung aus der New Yorker Bronx. HipHop entwickelte sich aus dem Breakdance – ein Tanz, der den ganzen Körper in roboterhafte Zuckungen versetzt. Kool DJ Herc, einer der Gründer der Bewegung, kam aus Jamaica in die Bronx. Er mixte als erster Sprechgesang mit Instrumentenklängen, wobei er dieselbe Stelle zweier identischer Platten unentwegt dazu wiederspielte. Die Musik brachte einen völlig neuen Modestil, den der Baggy Pants, übergroßen Shirts und Kapuzensweats, dicken Daunenjacken und Turnschuhe. Die Straßenkleidung der schwarzen New Yorker Kids wurde Mode, und damit war „Streetwear" geboren. Nur die wenigsten seiner jungen Anhängerschaft wissen, daß die Ursprünge dieses Looks in seiner Zweckmäßigkeit zu suchen sind: Kapuzensweats dienten New Yorker Gangs zur Verhüllung bei nächtlichen Graffiti-Aktionen; Turnschuhe waren ideales Fluchtschuhwerk. Den Epigonen hingegen ging es vor allem um das „coole" Aussehen. Und das wird mit der Mode von Carhartt, Fresh Jive, Freeman T. Porter oder Homeboy erzeugt.

Die enorme Popularität solcher Musikströmungen ist auch dem Musiksender MTV zu verdanken, der sich Anfang der 90er Jahre in rasantem Tempo weltweit in allen fünf Kontinenten verbreitete und geschafft hat, was vorher undenkbar war: daß Trends aus Mode und Musik weltweit zugänglich wurden und damit von der Jugend adaptiert werden konnten. Die Tatsache, daß MTV täglich an über

MTV

MusicTeleVision: Das ist die uramerikanische Ehe von zwei Massenkommunikationsmitteln, der Musik und dem Fernsehen. MTV, ursprünglich eine Investition von Warner Communications, gehört seit 1985 Sumner Redstone, dem Inhaber von Viacom, dem drittgrößten Medienkonzern der Welt. 1981 mit großem Spektakel als erstes Non-Stop-TV-Format für Videoclips gegründet, sichert der Sender als Produzentenkanal der Tonträgerindustrie den Absatz von CDs, wirkt aber auch als Wellenbrecher im amerikanischen Feldzug um weltweite Absatzgebiete: MTV, das ist die globale Vermarktung amerikanischer Werte und amerikanischer Waren. Im globalen Modedorf verkörpern Rock-Stars und VJs den angesagten Look, Model-Soaps und Schauen-Spots multiplizieren die hippen Bilder aus der Mode-Welt – und die Werbung dazwischen forciert, nur unmerklich aggressiver, Marken und Konsum.

Seit 1987 sendet MTV Europe aus London. Deutschland ist mit 16 Millionen Haushalten wichtigster Markt – und knallhart umkämpftes Terrain. Am 1. Dezember 1993 ging Viva auf Sendung: Der deutschsprachige Kanal der vier Medienkonzerne Sony, Time-Warner, EMI und Polygram ist längst Marktführer in Deutschland und expandiert nun seinerseits in Europa. „Der globale Ansatz von MTV ist nicht mehr durchziehbar", sagt Viva Geschäftsführer Dieter Gorny (*SZ* 24. 7. 1998), und Musik-Kanäle betreiben neuerlich mit allen Kräften die Regionalisierung. Doch die Sprache der Musik und die Sprache der Mode bleiben international.

Club- und Streetwear kommt heute oft elegant daher. Modell der Kultmarke Homeboy.

300 Millionen Haushalten läuft, hat dazu geführt, daß die Kids in Shanghai genauso wie ihre Altersgenossen in Gütersloh gestylt sind. MTV hat es geschafft, die Welt als „Global Village" zu erfassen.

Mit MTV und dem Musiksender Viva, der wenige Jahre später gleichsam als deutsche Antwort folgte, hat die Musik in den letzten Jahren immer größeren, eben nur dem Sportbereich vergleichbaren Einfluß auf die Jugendmode genommen. Die Moderatoren der beiden Sender, Videojockeys oder kurz genannt VJs, sind die neuen Idole, Musikbands und Popgruppen diktieren die neuesten Trends. Wenn also ein Popstar mit einer Daunenjacke der dänischen Segelmarke Helly Hansen in einem Video-Clip auftritt, macht das sofort Schule. Und wenn ein VJ auf MTV ein Shirt einer bestimmten Marke trägt, stehen am nächsten Tag in der Londoner MTV-Zentrale die Telefone nicht still. Hinter einer starken Marke soll eben auch ein starker Charakter stehen – und genau diese Kombination ist bei den Kids am meisten gefragt. Wie das Musikidol steht auch das Label für bestimmte Werte und einen Lebensstil, mit dem sich die Jugendlichen identifizieren.

Und dann tauscht plötzlich der Vorreiter der Techno-Bewegung Sven Väth sein orangefarbenes Shirt mit Spaß-Slogan gegen den edlen Gucci-Anzug. Konsequenz: Neben all den sport- und musikinspirierten Strömungen zeichnet sich seit zwei Jahren eine Tendenz zu einer ruhigeren, eher klassischen Moderichtung auch unter den Jungen ab. Auf einmal sind Elemente konventioneller Damen- und Herrenmode, allerdings schräg aufgemacht, wieder in. Typisch dafür stehen die eingangs angeführten schmalen Anzughosen und taillierten Hemden. Inzwischen hat sogar vieles von den Laufstegen in Mailand, Paris, London oder New York für die Jugendmode Vorbildcharakter, fast ein Treppenwitz der jüngeren Modegeschichte. Denn es ist noch gar nicht lange her, da holten sich die Avantgarde-Designer ihre Ideen umgekehrt von der Straße.

Natürlich drängt sich die Frage auf, vor welchem Hintergrund sich diese Entwicklung vollzieht. Tatsächlich ist ein Auslöser in der Musik zu suchen. Denn nicht nur Techno-Guru Sven Väth hüllt sich auf einmal in den Gucci-Anzug, auch Boygroups wie die Backstreet Boys machen mit ihrem smarten Look vor, daß Sich-Schickmachen wieder schick ist. Tausende von Anhängern folgen ihnen nach. Clubwear heute mutet sehr viel erwachsener an als in der Hochphase der Techno-Musik. Weite Flanellhosen und zarte Tops ersetzen nach und nach die knappen Girlie-Kleider mit Spaghettiträgern, Anzughosen die Baggy Pants.

Scheinbar haben die Kids nun den Ernst des Lebens erkannt. „Es wird sich angepaßt. Die gesellschaftliche Krise hat die Jugend erreicht", schrieb die Shell-Jugendstudie in ihrer Ausgabe von 1997. Tatsächlich beschreibt fast jeder zweite Jugendliche Arbeitslosigkeit als Hauptproblem seiner Generation. Die Krisen im Erwerbssektor sind laut Shell-Studie nicht mehr nur eine Randerscheinung des Aufwachsens.

Andererseits – und das entspricht wieder den vielen Gesichtern heutiger Jugend – gehört Spaßhaben zur Lebensmaxime, und zwar im Hier und Jetzt. Neben Sport zählt Ausgehen zu den liebsten Freizeitbeschäftigungen: Parties, Disco- und Kneipenbesuche, ins Kino gehen, Freunde treffen.

Diese Sprunghaftigkeit spiegelt sich im Bekleidungsverhalten wider: An einem Tag nehmen die jungen Leute die Gewohnheiten der Eltern aufs Korn und tragen zum Anzug neongelbe Turnschuhe. Am Tag darauf schmeißen sie sich in Skaterhose und Nylonjacke. Ein modisches Phänomen, das auf seine Weise hoffen läßt. Vielleicht schafft es diese Generation, auch wenn sie erwachsen ist, tatsächlich individuell und kreativ mit Kleidung umzugehen. Vielleicht vermag sie postmodern mit Identitäten zu spielen und ist dann auch bereit, viele Formen von Identität zu tolerieren. Jenseits der Jahrtausendwende scheint vieles möglich: Man kann kein Geld, Angst vor der Zukunft und gleichzeitig Spaß haben – und modisch dem Motto frönen: „Ich bin viele".

Accessoire: „Handtasche"

Von Thomas Meinecke

Tiny Ambient Handbag, ein Track des in England wirkenden, genetisch männlichen Elektronik-Duos VULVA, 1997. Handbag als eine sich im Vereinigten Königreich um 140 beats per minute eingependelt habende Spielart der House Music. Schäfer/Waltmann/Schäfers' TECHNO LEXIKON, 1998: Der Legende nach heißt Handbag Handbag, weil Frauen zu dieser Musik gerne ihre Handtaschen vor sich auf die Tanzfläche stellen und dann tanzen. Mein 1998 erschienener Roman TOMBOY, Seite 29 f: Hans freute sich, die ausgesprochen frühlingshaft gekleidete Freundin schon nach so wenigen Tagen wiederzusehen, denn er war ebenso hoffnungslos verliebt in sie wie Frauke Stöver. Er hatte Vivian gerade seine neueste Handtasche gezeigt, aus schockfarbenem Knautschlack. Hans Mühlenkamm, für Frauke damit Monsieur Pompadour, sammelte historische Handtaschen, seit eine seiner Lieblingsmusiken nach diesem Gegenstand benannt worden war, und seine Besucherin, die solch einen Beutel selbst nie besessen hatte, Handtaschen sogar grundsätzlich verabscheute, war so kokett gewesen, ein zweideutiges Kompliment über ihres Freundes neuen Fund und seinen damit abermals angewachsenen Fundus auszusprechen. Nun ging auch der Gelegenheitsarzthelfer mit seinen Täschchen keineswegs auf die Straße, geschweige denn in die Praxis, sondern er hatte sie alle, fein säuberlich, über seiner improvisierten Bettstatt an die Wand genagelt. Von Fetischismus konnte gleichfalls nicht die Rede sein; all die zierlichen Abendbeutel, die dem aschblonden Hans im sogenannten wirklichen Leben, wie so vielen Männern, immer wieder Angst gemacht, nicht selten auch, Büchsen der Pandora gleich, die Liebe abgetötet hatten, dienten ihm lediglich als profane Illustration einer hedonistischen Geräuschspur namens House Music. 1999, für die Herausgeberinnen Susanne Becker und Stefanie Schütte, wird mir abermals klar, daß ich tatsächlich nie eine Freundin mit Handtasche hatte. Daß die Frau, mit der ich verheiratet bin, bis heute keine einzige besitzt. Daß mir die Handtasche immerzu als Materialisierung eines geheimen, unheimlichen Frauenleidens erschienen ist; als böse, externe Geschwulst. Misogyne Zumutung sowohl für ihre demütige Trägerin als auch deren gentile Begleitung. Kurzum: Mit Sicherheit eine Männererfindung. (Und was stellt, im Gegenzug, die Herrenhandtasche dar? Tumbe Geheimnislosigkeit.) Tatsächlich nur als Musik, Glam, als Camp, auszuhalten, die Handtasche. Dann aber von großer Klasse.

VI

ANHANG

1. Literaturverzeichnis

Amies, Hardy: Anzug und Gentleman. Münster/Hamburg/London 1997.

Barnard, Malcolm: Fashion as Communication. London and New York 1996.

Barthes, Roland: Die Sprache der Mode. (1967) Frankfurt 1985.

Baudet, François: Magier der Mode. Chanel. München 1996.

Becker, Susanne: aspekte-Interview mit Richard Avedon. ZDF, 2. 9. 1994.

Beckermann, Ilene: Liebe, Leid – und welches Kleid? Zürich 1997.

Benedek, Susanne und Binder, Adolphe: Von tanzenden Kleidern und sprechenden Leibern. Crossdressing als Auflösung der Geschlechterpolarität? Dortmund 1996.

Benjamin, Walter: Charles Baudelaire. Ein Lyriker im Zeitalter des Hochkapitalismus. Frankfurt [7]1997.

Berger, John: Sehen. Das Bild in der Welt der Bilderwelt. Reinbek bei Hamburg 1994.

Boehn, Max von: Die Mode. München [4]1996.

Bovenschen, Silvia (Hg.): Die Listen der Mode. Frankfurt 1986.

Breward, Christopher: The Culture of Fashion. Manchester 1995.

Burke, Peter: Ludwig XIV. Die Inszenierung des Sonnenkönigs. Frankfurt am Main 1996.

Butler, Judith: Das Unbehagen der Geschlechter. Frankfurt am Main 1991.

Caraglio, Martine: „Kleider machen Lesben", in: Lehnert (Hg.) 1998, S. 266–279.

Dadelsen, Bernhard von: aspekte-Interview mit Wim Wenders. ZDF, 15. 10. 1993.

Deitcher, David: „Verloren und gefunden", in: Tillmans 1998.

Drolshagen, Ebba D.: Des Körpers neue Kleider. Die Herstellung weiblicher Schönheit. Frankfurt am Main 1995.

Dupire, Beatrice und Sy, Hady: Yves Saint Laurent. Forty Years of Creation 1958–1998. International Festival of Fashion Photography 1998.

Feinberg, Leslie: Träume in den erwachenden Morgen. Berlin 1996.

Flaubert, Gustave: Madame Bovary. (1856) Berlin 1991.

Foucault, Michel: Sexualität und Wahrheit. 3 Bde. Frankfurt am Main 1993.

Francis, Mark und King, Margery (Hg.): The Warhol Look. Glamour, Style, Fashion. München 1998.

Goldin, Nan: I'll be your Mirror. Zürich 1996.

Grand, France: Magier der Mode. Comme des Garçons. München 1998.

Hall, Radclyffe: Quell der Einsamkeit. (1928) Göttingen 1991.

Hirschauer, Stefan: Die soziale Konstruktion der Transsexualität. Über die Medizin und den Geschlechtswechsel. Frankfurt am Main 1993.

Hollander, Anne: Anzug und Eros. Eine Geschichte der modernen Kleidung. Berlin 1995.

Howell, Georgina: Diana: Ihr Stil, ihre Kleider, ihre Designer. München 1998.

Laver, James: Costume and Fashion: A Concise History. London 1996.

Lauretis, Teresa de: Technologies of Gender. Essays on Theory, Film and Fiction. Bloomington 1987.

Lehnert, Gertrud: Wenn Frauen Männerkleider tragen. Geschlecht und Maskerade in Literatur und Geschichte. München 1996.
Lehnert, Gertrud. Frauen machen Mode. Modeschöpferinnen vom 18. Jahrhundert bis heute. Dortmund 1998.
Lehnert, Gertrud (Hg.): Mode, Weiblichkeit und Modernität. Dortmund 1998.
Lehnert, Gertrud: Schnellkurs Mode. Köln 1998.
Loschek, Ingrid: Die Mode-Designer. Ein Lexikon von Armani bis Yamamoto. München 1998.
Loschek, Ingrid: Reclams Mode- & Kostümlexikon. (1987) Stuttgart ^{4}1999.
Lovatt-Smith, Lisa (Hg.): Fashion. Images de Mode. No3. Göttingen 1998.
Martin, Richard: „Fashion in the Age of Advertising", in: Journal of Popular Culture. 29. 2. Fall 1995. S. 235–254.
Martin, Richard: Magier der Mode. Versace. München 1997.
McCracken, Grant: Big Hair. Der Kult um die Frisur. München 1995.
McDowell, Colin: Galliano. München 1997.
METROPOLIS-Interview mit Jürgen Teller und Venetia Scott. Arte. 12. 4. 1997.
Morand, Paul: Die Kunst, Chanel zu sein. Gespräche mit Coco Chanel. München 1999.
Mueller-Stindl, Eleonore: Mode, Macher, Märkte. Von der Haute Couture auf die Straße. 50 Jahre Mode von 1946–1996. Frankfurt am Main 1997.
Polhemus, Ted: Style Surfing. What to Wear in the 3rd Millennium. London 1996.
Poschardt, Ulf: Anpassen. Hamburg 1998.
Schlaffer, Hannelore: Schönheit. Über Sitten und Unsitten unserer Zeit. München 1996.
Simmel, Georg. „Zur Psychologie der Mode. Soziologische Studie", in: Soziologische Schriften. Eine Auswahl. Hg. und Einleitung von Heinz-Jürgen Dahme und Ottheim Rammstedt. Frankfurt am Main 1983.
Sischy, Ingrid: Magier der Mode. Donna Karan New York. München 1998.
Sontag, Susan: Über Photographie. München 1978.
Steele, Valerie: Fetisch. Mode, Sex und Macht. (1996) Reinbek bei Hamburg 1998.
Teller, Jürgen: „Wollt Ihr wirklich sehen, wie ich mich fühle?" Photo-Story mit Kristen McMenamy im SZ-Magazin. 15. 3. 1996.
Teller, Jürgen: Juergen Teller. Hg. von Cornel Windlin. Köln 1996.
Teller, Jürgen und Rutschky, Michael: Der verborgene Brecht, ein Berliner Stadtrundgang. Zürich 1997.
Tillmans, Wolfgang: Burg. Köln 1998.
Toscani, Oliviero: Facce/Faces. Rom 1997.
Unwerth, Ellen von: Ellen von Unwerth's Wicked. München 1998.
Unwerth, Ellen von: Couples. München 1999.
Veblen, Thorstein: Theorie der feinen Leute. Eine ökonomische Untersuchung der Institutionen. (1899) Frankfurt am Main 1986.
Versace, Gianni: The Art of Being You. München 1998.
Vinken, Barbara: Mode nach der Mode. Kleid und Geist am Ende des 20. Jahrhunderts. Frankfurt am Main 1993.

Vinken, Barbara (Hg.): Die nackte Wahrheit. Zur Pornographie und zur Rolle des Obszönen in der Gegenwart. München 1997.
Wakefield, Neville: Postmodernism. The Twilight of the Real. London 1990.
Wakefield, Neville: „Interview mit Jürgen Teller", in: Teller 1996, S. 5–12.
Wakefield, Neville und Nickerson, Camilla (Hg.): Fashion. Zürich 1996.
Wittig, Monique: The Straight Mind and Other Essays. Boston 1992.

2. Abbildungsverzeichnis

Wir danken den Photographen dafür, ihre Bilder in diesem Buch zeigen zu dürfen.

Photographien von Regina Schmeken
Modenschau: Haute Couture in Paris

S. 91: Bernadette Chirac und Claude Pompidou mit Michel Klein für Guy Laroche, 1/96.
S. 92: Claude Montana für Lanvin, Paris 1/91.
S. 93: Paco Rabanne mit Model, Rabanne, Paris 1/96.
S. 94: Nach der Schau: verlassener Saal am Trocadero mit Blick auf den Eiffelturm.

3. Netz-Adressen

Wir danken Petra Staab für die Recherchen zu diesen Adressen.

http://dir.yahoo.com/Arts/DesignArts/Fashion/NewsandMedia/Magazines/
Info-Seite für unterschiedliche aktuelle Mode-Themen, u.a. Links zur internationalen Designer-Datenbank und zu den wichtigen Mode-Zeitschriften.

http://www.fashion.ftv.fr/ftvnewsweek/index.html
Das Internet-Pendant zum französischen Fernsehsender Fashion TV und damit der Mode-TV-Kanal im Netz. U.a. mit der Victoria's Secret-Wäsche-Show und Live-Übertragungen aus den Pariser Schauen. Kult: „Lingerie" um 8 Uhr morgens und 10 Uhr abends. Links zur internationalen Designer Datenbank.

http://www.StyleWatch@Work
Website des Jeansanbieters Levi Strauss & Co. in Kooperation mit dem amerikanischen Nachrichtenkanal MSNBC. Informationen vor allem für Angestellte über neue Trends im Casual Businesswear und Chat-Foren mit renommierten Style-Experten aus Mode, Handel und Medien.

http://www.MyShop
Die virtuelle Shopping-Mall für den mittelständischen Einzelhandel: mit ca. 100 Anbietern die größte deutsche Fachhandels-Mall.

http://wmlive.com/fashion/
Berichte von den Pariser Schauen, Designer-Database und Rubriken wie Trendwatch, Mode Squad und Paris People.

http://www.vclub.com/pch/antipschutt/feedkate.html
„Feed Kate Moss": Die bösartige virtuelle Fütterung des Mager-Models mit Hot Dogs, Burgern und Chips.

http://www.amd.de/
Informationen über die Akademie Mode Design in Hamburg, Düsseldorf und München. Außerdem Extras wie Bewertungen der wichtigen Modezeitschriften.

http://www.expobase.com
Über 10000 (allerdings allgemeine) Messe-Termine

http://www.fashion-forum.de
Mode weltweit: Links zu wichtigen Websites in allen Ländern, z.B. zu „Revista Moda" in Brasilien, „Fashion Australia" u.v.a., meist mit Kurzbeschreibung des Inhalts. Außerdem Tips zur Mode-Kultur-Connection und Infos vom Modemarkt.

http://www.worldmedia.fr/fashion/catwalk/bio/index2.html
Internationale Designer-Datenbank

http://www.iht.com/IHT/FASH/index.html
Suzy Menkes Arbeit beim International Herald Tribune seit 1997

http://www.fashionangel.com/angel.html
Verleihung des Fashionangel-Award für besonders gute Modesites

http://www.beauty-and-more.de
Offizieller Untertitel: „Lebensart im Internet". Links zu internationalen Modezeitschriften (und zu etlichen Mode-Hot-Spots near you), relativ aktuelle Mode-News. Z.B. im März '99: „Millenium Mode" und „Dessous-Modeschau: Victoria zeigt ihre Geheimnisse".

http://www.firstview.com
Einblicke in die neuen Kollektionen, Infos inclusive Link „Click here to order"...

http://www.absolute-online.de/fashionlinks.htm
Links zu Infos erschwinglicher, junger Marken sowie zu Zeitschriften. Und: Mode-Events in ausgewählten deutschen Städten.

http://www.modewichtig.com/hot1.htm
Links zur deutschen Modebranche in Rubriken wie „Mode/Models/Beauty" oder „Lifestyle" – eine Art Fußgängerzone durch deutsche Angebote bis hin zu „Rave-Party-Tips".

http://www.firstsurf.com/nmode.htm
„Das Online-Mgazin", darin u.a.: „Schrille Designer", „Virtuelle Kabine", „Online-Shoppen", „Modequicki" und „Typberatung für SIE und IHN".

4. Termine 2000

Januar

6.–8.1.	Stuttgart	BIJOUTEX – Fachmesse für Modeschmuck, Accessoires, Boutique-Moden, Drogerie- und Geschenkartikel
13.–16.1.	Florenz	Pitti Immagine Uomo
15.–20.1.	Paris	Haute Couture
15.–17.1.	München	BIJOUTEX
24.–27.1.	Paris	Collection Mode Masculine
	Mailand	Milano Collezioni Uomo
	Rom	Roma Alta Moda

Februar

4.–6.2.	Köln	Herrenmodewoche und Interjeans
5.–8.2.	Düsseldorf	CPD – Collections Premieren Düsseldorf
6.–9.2.	München	ISPO – Internationale Fachmesse für Sportartikel u. -mode
9.–20.2.	Berlin	Berlinale: Internationale Filmfestspiele
11.–13.2.	Köln	Messe Kind und Jugend
12.–14.2.	Leipzig	Mode-Messe
18.–26.2.	Mailand	Milano Collezioni Donna
	New York	The New York Collections
.	London	London Fashion Week
19.–21.2.	Offenbach	Internationale Lederwarenmesse
27.2.–6.3.	Paris	Collections Prêt-à-Porter des Créateurs

März

2.–5.3.	Bologna	MICAM, Schuhmesse
3.–5.3.	Paris	Première Vision, Stoffmesse
9.–12.3.	Düsseldorf	GDS

Mai

10.–21.5.	Cannes	Internationale Filmfestspiele

Juni

22.–25.6.	Florenz	Pitti Immagine Uomo
	Mailand	Milano Collezioni Uomo

Juli

3.–6.7.	Paris	Collections Mode Masculine
8.–13.7.	Paris	Haute Couture
8.–10.7.	Stuttgart	BIJOUTEX
15.–17.7.	München	BIJOUTEX
	Rom	Roma Alta Moda

August

4.–6.8.	Köln	Herrenmodewoche und Interjeans
5.–7.8.	Leipzig	Mode-Messe
6.–9.8.	München	ISPO
5.–8.8.	Düsseldorf	CPD
18.–20.8.	Köln	Messe Kind und Jugend
26.–28.8.	Offenbach	Internationale Lederwarenmesse

September

7.–10.9.	Düsseldorf	GDS
22.–30.9.	Mailand	Milano Collezioni Donna
	London	London Fashion Week
	New York	The New York Collections
	Venedig	Internationale Filmfestspiele

Oktober

1.–9.10.	Paris	Collections Prêt-à-Porter des Créateurs
5.–8.10.	Paris	Première Vision
18.–23.10.	Frankfurt	Internationale Buchmesse
28.10.–5.11.	Wiesbaden	HAFA – Internationale Messe für Mode, Sport, Wohnen, Essen und Trinken

Zum Redaktionsschluß im Juli 1999 standen leider einige Termine noch nicht genau fest.

5. Herausgeberinnen, Autorinnen und Autoren dieses Buches

Becker, Susanne.
Geboren 1961, lebt in Mainz. Studium in Mainz, München, Michigan und Toronto. Lehrtätigkeit in Mainz, Siegen und an der New Yorker Columbia University. Promovierte mit einer Arbeit über moderne Gothic Novels. Freie Fernsehautorin für diverse Kulturprogramme und das ZDF-Kulturmagazin „aspekte". ZDF-Redakteurin für das arte-Kulturmagazin METROPOLIS. Seit 1997 Redakteurin in der Kultur-Redaktion „Geschichte und Gesellschaft" des ZDF.

Botur, Axel.
Geboren 1970, wohnt derzeit in Bielefeld. Aus einem Modedesign-Studium heraus entschied er sich für eine Journalistenlaufbahn, weil es mehr Spaß macht, die Kollektionen anderer zu kritisieren, als selbst kritisiert zu werden. Als freier Autor lebt er seine Lust am Textilen in verschiedenen Publikationen aus und berichtet u.a. viermal im Jahr für die Deutsche Presse-Agentur (dpa) über die Mailänder Designerdefilées. Dort gelingt es ihm, sich 60 Kollektionen in neun Tagen anzusehen. Für diese Leistung belohnt er sich stets mit einem Stadionbesuch bei seinem Lieblingsverein Inter.

Clausen, Inga.
Geboren 1971, in Hamburg Ausbildung zur Modedesignerin, Arbeit bei John Rocha in Dublin und Hussein Chalayan in London, anschließend Volontariat bei der Fachzeitschrift *TextilWirtschaft*. Seit Januar 1999 arbeitet sie in London für eine Online-Modefachpublikation. Für das Jahr 2000 spart sie auf einen Personal Fitness Trainer, damit sie endlich die Kreationen von Alexander McQueen tragen kann.

Kaiser, Alfons.
Geboren 1965, studierte Germanistik, Politikwissenschaft und Psychologie und promovierte mit einer literaturwissenschaftlichen Arbeit zu Uwe Johnson. Seit 1995 bei der *Frankfurter Allgemeinen Zeitung*. Dort kümmert er sich am liebsten um die Moden der Sprache und die Sprachen der Mode.

Lehnert, Gertrud.
Geboren 1956, ist habilitierte Literaturwissenschaftlerin und lebt als Universitätsdozentin und Autorin kulturgeschichtlicher Sachbücher in Berlin. Zu ihren letzten Buchveröffentlichungen zählen „Frauen machen Mode. Modeschöpferinnen vom 18. Jahrhundert bis heute"(1998), „Schnellkurs Mode" (1998) und „Wenn Frauen Männerkleider tragen. Geschlecht und Maskerade in Literatur und Geschichte"(1996).

Leupold, Dagmar.
Geboren 1955 in Niederlahnstein, lebt bei München. Studium in Marburg, Tübingen und New York. Für ihren ersten Roman „Edmond. Geschichte einer Sehnsucht“ erhielt sie 1992 den aspekte-Literaturpreis. Seither weitere Romane, Kurzprosa und Lyrikbände, zuletzt der Roman „Ende der Saison“ (1999).

Meinecke, Thomas.
Geboren 1955 in Hamburg, lebt in Oberbayern. Für seinen ersten Roman, „The Church of John F. Kennedy“, erhielt er 1997 u.a. den Rheingau-Literaturpreis, für seinen zweiten, „Tomboy“, 1998 den „Kranich auf dem Stein“. Seine Prosatexte sind in der Sammlung „Mode und Verzweiflung“ zusammengefaßt, 1999 erschien die Erzählung „Holz“. Er ist auch Musiker in der Band FSK und Radio-DJ.

Müller, Jürgen.
Geboren 1963, lebt in Frankfurt. Geschäftsführender Redakteur der Fachzeitschrift TextilWirtschaft. Während seines BWL-Studiums beschäftigte er sich bevorzugt mit der Frage, warum Menschen kaufen. Heute schreibt er u.a. darüber, wie man sie dazu bringt. Das Honorar für seinen Beitrag wird er bei H&M ausgeben. Woanders bekäme er nicht viel dafür.

Palzer, Thomas.
Geboren 1956, lebt in München. Veröffentlicht seit 1994 Romane, Essays und Stories, zuletzt „Ab hier FKK erlaubt. 50 schnelle Seitenblicke auf die neunziger Jahre“ (Beck'sche Reihe 1996). Zu seinen poetischen oder essayistischen „Seitenblicken“ gehören auch zahlreiche Fernseh-Stories über zeitgeistige Erscheinungen und vor allem über die Gefühle hinter den schönen Oberflächen.

Politycki, Matthias.
Geboren 1955 in Karlsruhe, lebt in Hamburg und München. Promovierte mit einer Arbeit über Nietzsche, veröffentlichte seit 1987 zahlreiche Romane, Essays, Geschichten und Gedichte. In seinem „Weiberroman“ (1997) geht es weniger um die Heldinnen des Titels als um die Sehnsucht der Männer nach ihnen – wobei die Outfits, vor allem die Fogal-Strümpfe, eine nicht zu unterschätzende Rolle spielen.

Schmeken, Regina.
Geboren 1955, lebt in München. Studierte zunächst Kunst und Germanistik, seit 1977 Schwarz-weiß-Photographie, seit 1986 Photographin der *Süddeutschen Zeitung.* Vielfach ausgezeichnet, u.a. mit dem Dr.-Erich-Salomon-Preis der Deutschen Gesellschaft für Photographie 1996. Sie beobachtet seit sieben Jahren die Laufstege der Modewelt, vor allem die Haute Couture in Paris.

Schütte, Stefanie.
Geboren 1964, lebt in Hamburg. Studierte Romanistik und Germanistik in Hamburg und Bologna; promovierte mit einer Arbeit über den italienischen Schriftsteller Giorgio Bassani. Sie ist dpa-Korrespondentin für Mode und berichtet über modische Phänomene, neue Trends und über das, was sich auf und jenseits von den Laufstegen der Modewelt tut. Schreibt aber auch über Literatur, Kino und Theater.

Spieler, Sabine.
Geboren 1969, Modedesign-Studium in Stuttgart, seit 1994 als Redakteurin bei der Fachzeitschrift *TextilWirtschaft* in Frankfurt am Main. Nachdem sie ein Jahr als Korrespondentin in Paris tätig war, ist sie heute innerhalb der Moderedaktion als Ressortleiterin für die Bereiche Damenmode und Junge Mode verantwortlich.

Vanderbeke, Birgit.
Geboren 1956 im brandenburgischen Dahme, lebt in Südfrankreich. Für ihre erste Erzählung „Das Muschelessen“ wurde sie 1990 mit dem Ingeborg-Bachmann-Preis ausgezeichnet. Seitdem hat sie fünf vielbesprochene und preisgekrönte Bücher geschrieben, zuletzt „Ich sehe was, was du nicht siehst“ (1999). 1999 erhielt sie den Solothurner Literaturpreis für ihr Gesamtwerk.